AF608773

LR

Verbinde dich mit dem Atem

Herta Richter

Stundenprotokolle in Schrift und Ton

Herausgegeben durch
Atemheilkunst e.V.

forum zeitpunkt
Reichert Verlag 2019

Umschlagfoto: Ulla Fischer

Bibliografische Information der Deutschen Nationalbibliothek
Die Deutsche Bibliothek verzeichnet diese Publikation in der Deutschen Nationalbibliografie; detaillierte bibliografische Daten sind im Internet über http://dnb.dnb.de abrufbar.

Gedruckt auf säurefreiem Papier
(alterungsbeständig – pH 7, neutral)

Dr. Ludwig Reichert Verlag Wiesbaden
www.reichert-verlag.de
ISBN: 978-3-95490-456-3

Printed in Germany

Inhalt

Einführung. 7

„Verbinde dich mit dem Atem“ auf den Spuren von Herta Richter. 9
(Dieter Mittelsten Scheid)

Seminar in Zist 2010. 21

Seminar in Zist 2012. 58

Wochenendseminar in Linden 2011 91

Wochenendseminar in Linden 2012 102

Arbeitskreis 1994 mit Gesprächen über die Atemstunden 112

„Er bereitet mich“. Rückblick auf eine Atembegleitung
am Ende des Lebens. 141
(Kurt Horz)

Einführung

Das vorliegende Buch ist eine Hommage an Herta Richter, die als Atemlehrerin und als Mensch so viele, die ihr begegnet sind, tief in ihrem Herzen berührt hat. Bei vielen, die sie erlebt und mit ihr gearbeitet haben, werden die Protokolle von Gruppenstunden und Behandlungen kostbare Erinnerungen wachrufen. Für praktizierende Atemtherapeut/innen, die sie nicht kennengelernt haben, und für alle, die sich noch in Ausbildung befinden, schenkt das Buch tiefe Einblicke in ihre Art, mit dem Atem zu arbeiten und hilfreiche Anregungen für die eigene Art, den Atem zu lehren.

In den gemeinsamen Gesprächen mit Dieter Mittelsten Scheid in *Vom Wesen des Atems* spricht Herta Richter über ihre Arbeit mit Gruppen und wie sich diese im Laufe der Jahre mit ihrem wachsenden Wissen und ihrem großen Vertrauen in die heilende Wirkung des Atems gewandelt hat. Wesentliche Themen der Atemarbeit werden aufgezeigt und das, was sie bewirken können, beschrieben.

Wer Herta erleben durfte, weiß um ihre Liebe zu den Menschen, ihr Vertrauen und ihre Geduld, ihr Wissen, dass mit zunehmender Erfahrung irgendwann die Tiefe eines Atemangebotes bei fast jedem Menschen, der sich darauf einlässt, aufscheinen würde.

Immer war es etwas Wesentliches in ihrer Arbeit, Raum und Zeit zu geben, wirklich eigene Erfahrungen zu sammeln, jedem Menschen zu ermöglichen, authentisch zu üben und nach seinen Möglichkeiten zu wachsen und zu sein. Ihre Kunst, aus dem Moment zu schöpfen und die richtigen Worte zu finden, waren der Schlüssel.

Es ist ein Geschenk, dass einige Schüler/innen einen Teil ihrer Stunden aufnehmen durften und dem Verein Atemheilkunst zur Verfügung stellten. Aus dem großen „Schatz“ an Protokollen sind in diesem Buch aus verschiedenen Zeiten einige ausgewählt, mit sehr unterschiedlichen Gruppen. Noch zu ihren Lebzeiten sprach ich mit Herta über den Wunsch vieler Schüler, sie möge doch ein Buch mit Protokollen veröffentlichen und zur Verfügung stellen. Herta wollte am liebsten nur die allerletzten Stunden herausgeben, Gruppen mit sehr erfahrenen Atemschüler/innen, in denen sie nur sehr wenig sprach. Diese Aufzeichnungen leben von der Atmosphäre, die Herta im Miteinander mit erfahrenen Atemfreunden herbei zaubern konnte – und die lässt sich schwer in Schriftform einfangen.

Die Seminare in Zist hat Herta seit 2001 alljährlich auf Einladung von Wolf Büntig angeboten. Zu diesen Gruppen kamen Schüler, die schon länger mit Hertas Arbeit vertraut waren, sowie Menschen, die zum ersten Mal mit der Atemarbeit in Berührung kamen. Herta war eine große Künstlerin darin, Gruppen so zu gestalten, dass jede/r davon einen Gewinn hatte und die unterschiedlichsten Menschen im Atem wunderbar zusammen fanden.

Die Anleitungen sind ziemlich lang und genau, um eben auch „Anfänger" abzuholen und mit der Arbeit vertraut zu machen. In den Seminaren wiederholen sich Angebote, aber immer formuliert Herta aus dem Moment, völlig neu und frisch!

Die Wochenenden in Linden waren für Menschen, die schon länger mit dem Atem arbeiten und auch teilweise selber als Atemtherapeuten Gruppen und Behandlungen anbieten. Die Angebote sind knapper, dichter formuliert, Herta kann auf die Erfahrung aller Teilnehmer vertrauen.

Sowohl die Protokolle von Zist als auch von Linden sind aus Hertas letzten Lebensjahren. Ich habe die Aufnahmen der Stunden wörtlich niedergeschrieben – keine Verbesserungen oder Verkürzungen vorgenommen und den einzelnen Stunden Hertas Protokolle unverändert hinzugefügt – Stichpunkte, die nochmal aufzeigen, was das Wesentliche der Stunde für sie war. Die jeweils letzte Stunde der beiden Seminare in Zist wurde nicht aufgenommen. Aber der Inhalt erschließt sich aus Hertas Notizen.

Herta hat für einzelne Angebote viel Zeit gelassen, immer wieder Pausen gemacht, Zeiten der Stille, in der die Erfahrung sich vertiefen konnte, *(„Dieses Nachhinein im Üben, das ist genauso wichtig wie das Üben selbst" – Herta Richter)* die je nach ihrer Länge mit drei oder mehr Punkten … angedeutet werden. Auch habe ich mich entschlossen, danach in der Kleinschreibung zu bleiben.

Sehr interessant und kostbar sind Mitschriften von Stunden von Arbeitskreisen zwischen 1994 und 2000. In diesen Protokollen gibt es Aufzeichnungen über die Gespräche nach den Stunden. Was haben wir erlebt, wozu machen wir das? Was war das Thema?

Dieser Teil ist etwas abgekürzt, soweit es nicht zur Klärung der Stunde dient. Auch sprachlich gibt es kleine Veränderungen, wenn es für das Verständnis nötig erschien. Aus einer Fülle von Stunden sind nur wenige exemplarisch herausgegriffen. Es könnte an anderer Stelle eine Erweiterung der Herausgabe folgen.

Zur Einstimmung füge ich die Aufzeichnungen eines Vortrages von Dieter Mittelsten Scheid hinzu: „Verbinde dich mit dem Atem" auf den Spuren von Herta Richter.

Am Ende des Buches schreibt Kurt Horz berührend über seine Begegnung mit Herta, die er in ihren letzten eineinhalb Lebensjahren regelmäßig behandelt hat.

Herzlichen Dank an Helga Segatz, die von 1994 bis 2000 alle Stunden eines Arbeitskreises aufgezeichnet hat. Herzlichen Dank an Christine Meyne, die die Seminare in Zist und Linden aufgenommen hat – in so guter Qualität, dass wir sie als CD vervielfältigen können.

Vielleicht macht es Ihnen Freude, Hertas Stimme zu lauschen, mit ihr in die Übung einzutauchen!

Ulla Fischer

„Verbinde Dich mit dem Atem“ auf den Spuren von Herta Richter

Vortrag von Dieter Mittelsten Scheid, AFA Tagung 24.5.2014, Herrsching

Ich begrüße Sie alle herzlich und bedanke mich bei der AFA und vor allem bei den Organisatoren dieser Tagung für die Einladung, gemeinsam dem nachzuspüren, wie Herta Richters Wirken in uns nachschwingt und auf welche Quellen es uns verweist. Ein gutes Jahr nach ihrem unerwarteten Tod in ihrem 88. Lebensjahr ist sie nach wie vor lebendig in vielen ihrer Schülerinnen und Schüler und es erfüllt mich mit Dankbarkeit und Freude, Erinnerungen an sie und ihre uns tief berührende Weise, zu sein und zu arbeiten, wachzurufen.

Erinnerung ruft uns ganz von selbst nach innen, in das, was durch die erinnerten Bilder in uns in Resonanz gerät und im Jetzt lebendig in uns schwingt. So möchte ich Sie gleich zu Beginn einladen, dem nachzuspüren, womit Herta in vielen ihrer Atemgruppen das Üben begann, und zwar mit den Worten: „Verbindet Euch mit dem Atem“. Der Satz ruft uns direkt in unser Anwesendsein, in das, was uns allen gemeinsam ist und uns verbindet.

„Verbinde Dich mit dem Atem“. Vielleicht spüren wir dem einen Augenblick nach, lassen die Augen sich schließen und spüren in uns hinein, nehmen uns in unserem Sosein wahr. Anne Schäfer hat uns so gut vorbereitet, und wir spüren wieder, wie wir atmend anwesend sind. Wir spüren die Bewegungen des Atems und lassen ihn fließen, so wie er gerade fließt. In der Empfindung sind wir mit dem Atem verbunden. Wir werden diese Erfahrung später weiter vertiefen, aber ich lade Sie schon jetzt ein, auch während des Vortrags damit in Verbindung zu bleiben, in einer wachen Verbindung mit Ihrer Lebendigkeit. Gerne können Sie die Augen jetzt wieder öffnen.

Das Empfinden, zu sein, ist die Essenz der Atemerfahrung, und zu sein beinhaltet das Sein von allem, mit allem und in allem. Alles Lebendige hat mit dem Atem begonnen und der Atem erweckt uns zum Sein. Uns an dieses ganzheitliche Sein zu erinnern, an unser eigentliches Wesen, unser zu Hause, uns zu erinnern an den tragenden Grund und die allem gemeinsame Quelle, dies war die tiefe Botschaft, die Herta Richter in ihren Behandlungen und ihrer Gruppenarbeit vermittelte. Es war eine Botschaft, die aus ihrer eigenen Verwurzelung im Ursprünglichen und ihrer Anbindung an das große Eine natürlich entsprang. Wie war dieses Grundvertrauen in den Atem und bedingungslose Ja zum Leben in ihr gewachsen und durch welche Einflüsse wurde sie zu diesem besonderen Menschen, der mit ihrer Liebesfähigkeit so viele, die ihr begegneten, verzauberte?

Ohne auf ihre Biographie und ihren Lebensweg im einzelnen einzugehen, möchte ich hier ihre drei wesentlichen Lehrer für die Atemarbeit erwähnen: Dr. Johannes Ludwig Schmitt, Ilse Middendorf und Cornelis Veening. Ich möchte versuchen, aufzuzeigen wie sie Herta Richter auf ihrem eignen Weg beeinflusst haben und ihre Atemarbeit dadurch geprägt wurde. Ich fühle mich nicht berufen, auf die einzelnen methodischen Ansätze und verschiedenen Wege im einzelnen einzugehen, vielmehr geht es mir darum, aufzuspüren, was diesen Atemlehrern und -lehrerinnen, die alle sehr starke und charismatische Persönlichkeiten waren, gemeinsam war und von wo sie ihre Kraft und Inspiration bezogen. Ich hoffe, dadurch etwas zur Frage nach den Quellen unserer Arbeit, um die es ja auf dieser Tagung geht, beizutragen.

Ohne Zweifel war der Münchner Arzt Dr. Ludwig Schmitt, den man den „Atemschmitt" nannte, Herta Richters wichtigster Lehrer, der sie durch seine Persönlichkeit am tiefsten prägte. Durch ihre Schwester Dr. Frederike Richter, die Schmitts wichtigste Mitarbeiterin und langjährige Lebensgefährtin war, kam sie früh mit ihm und seinem Wirkfeld in Kontakt und arbeitete schon bald in seiner Münchner Naturheilklinik in der Ludwigstraße, um sich ihr Studium zu verdienen.

So erlebte sie hautnah, wie dieser charismatische Arzt, der gleichzeitig Heiler, Seher und Wissenschaftler war, unendlich viele Menschen im wahrsten Sinne des Wortes zu sich selbst führte und vielen auch Schwerkranken Heilung brachte und zwar mit seiner speziellen Kombination aus Atemmassagen und zum Teil von ihm entwickelten Naturheilverfahren mit Kräutern, Diät und physikalischen Anwendungen. Bis zu ihrem Lebensende sprach Herta nur mit größter Verehrung vom Doktor und betonte immer wieder, wie viel sie diesem in ihren Augen zuhöchst entwickelten Menschen verdanke. Er war für sie ein „Meister" und die erste große Atemmassage, die er ihr gab, war für sie ein grundlegendes Initiationserlebnis, nach dem sie sich wie neugeboren fühlte, neugeboren zu sich selbst. Sie sagte über dieses Erlebnis: „Es war wie von seinen Händen herausgeschält zu werden aus der Verhüllung."[1]

Durch die jahrelange Nähe zu Dr. Schmitt wuchs in Herta dann immer mehr jenes Urvertrauen in den Atem, den er und sie als das im tiefsten Sinne Göttliche im Menschen erlebt haben. Zusätzlich haben sie seine menschliche Wärme, seine große Allgemeinbildung, seine ungeheure Hilfs- und Einsatzbereitschaft und sein besonderer Humor sicherlich stark geprägt.

Dr. Schmitt war ein äußerst aktiver, fast missionarischer Arzt – ein Priester-Arzt der einem inneren therapeutischen Auftrag, einer inneren Berufung folg-

1 H. Richter/D. Mittelsten Scheid: Vom Wesen des Atems, Wiesbaden 2006, 103.

te. Er war ein wissender Macher, der so sehr auf seinen diagnostischen Blick und sein Wissen vertraute, dass er bei seinen Patienten durch seine von ihm entwickelten großen Atemmassagen oft eine so tiefe Erschütterung des ganzen Menschen bewirkte, dass sie jenseits ihrer eigenen Behinderungen oft zum ersten Mal ihr wirkliches Wesen spüren konnten. Dabei setzte er am unbekleideten Körper intensive Atemreize und verwendete teilweise sehr schmerzhafte Griffe, die die Behandelten körperlich wie psychisch fast in eine Verwandlung zwangen. Schmitt war überzeugt, dass im Durchgehen durch den Schmerz der Patient ihn verhärtende Widerstände loslassen kann und eine Hingabefähigkeit entdeckt, die ihn befähigt, eine andere Seinsdimension zu erleben. So korrigierte er gelegentlich in mitfühlender aber auch autoritärer Weise körperliche Fehlformen, ohne dass der Patient den Weg selber finden musste. Dadurch unterschied er sich sehr von den anderen großen Pionieren der westlichen Atemtherapie. Und trotz seines Versuchs, in seinem gemeinsam mit Friederike Richter verfassten Buch „Atemheikunst“ die Atemtherapie wissenschaftlich zu vermitteln und unabhängig von ihm erlernbar zu machen, war sein spezifisches Wirken doch sehr an seine besondere Persönlichkeit und seine innere Führung gebunden.

So war es für Herta Richter trotz aller Verehrung und allem, das sie vom Doktor auch in Bezug auf die Naturheilverfahren gelernt hatte, klar, dass sie nie wie er arbeiten könnte. Einmal, weil sie eine Frau war, und zum anderen, weil sie spürte, dass eine so dramatische Behandlungsform und ein so bestimmendes und schmerzhaft eingreifendes Vorgehen in unserer heutigen Zeit von den Patienten nicht mehr angenommen würde.

Sie machte zwar noch über viele Jahre Atemmassagen und bildete auch darin aus, doch ihre ganz eigene Atemarbeit sollte sich sehr anders entwickeln. Dabei wurde sie von der Frage geleitet: „Wie kann ich das Wesentliche im Menschen, das der Doktor so direkt ansprach, in meiner eigenen Weise ebenso wesentlich ansprechen und bewirken?“[2]

In Ilse Middendorf lernte sie dann eine ebenfalls charismatische Frau kennen, die in ganz anderer Weise die Menschen im Atem behandelte und bei der sie vieles über das Behandeln am bekleideten Körper und vor allem über das Üben in der Gruppe lernte. Hier spielte die direkte Körperlichkeit mit ihren Fehlformen und Krankheiten keine so große Rolle wie bei Schmitt, und die Berührung war weniger ein Tun der Behandlerin als eine Einladung, ein Ruf sich zu öffnen und selber dem nachzuspüren, was über den Atem in einem ausgelöst wird und von selbst geschieht. Es war mehr, wie Herta sagte, „ein Miteinandergehen eines Weges, ein Empfinden, immer begleitet zu sein“.[3] Dabei spürte

2 Ebenda, 103.
3 Ebenda, 31/32.

sie wie bei Schmitt, dass sie auch durch diese Weise der Berührung als Ganzes, als ganzer Mensch gefragt war und direkt in ihrer Seele angesprochen wurde. Beide Behandlungsarten erfordern Hingabe, wobei der Weg des „erfahrbaren Atems" von Ilse Middendorf in besonderer Weise zu Achtsamkeit, Empfindungsfähigkeit und Bewusstheit führt.[4]

Die Arbeit auf dem Hocker war dann ganz neu für Herta, weil sie von Schmitt nur die Arbeit am Boden kannte. Hier erfuhr sie noch mehr, wie über die Sammlung nach innen und das Geschehen- lassen des Atems sich das eigene Empfindungsbewusstsein entwickelt, und durch gleichzeitiges Tun und Nicht-Tun Bewegungen aus dem Atem entstehen, die Vielfalt und Einheit, Anbindung und Freiheit in der eigenen Wesenstiefe erleben lassen. Es war der Beginn eines Weges, auf dem Herta in vielen Jahren, wie wir noch sehen werden, ihr eigenes Atemspiel, ihre eigene Atemkunst zur Vollkommenheit entwickelte. Dabei lernte sie, immer mehr Freiraum zu geben, und immer mehr loszulassen, was sie bei Ilse Middendorf noch als direktiv und geleitet von Vorstellungen über richtig und falsch gespürt hatte. Ilse hatte ein ganz anderes Selbstverständnis und Sendungsbewusstsein als Herta und war wie viele Begründer einer Behandlungsmethode darauf bedacht, dass das aus ihrer Erfahrung Gewachsene nicht verfälscht oder verwässert wurde. So nahm Herta immer mehr Abstand von den klar definierten Beschreibungen bestimmter Atemräume, von vorgegebenen Bewegungsabläufen oder z. B. vom Lehren definierter Wirkungen bestimmter Vokale oder bestimmter Körperdruckpunkte, wie sie in Ilse Middendorfs Büchern detailliert beschrieben sind. Dennoch blieb Herta bis zu ihrem Tod Ilse in Dankbarkeit verbunden, und es war ihr sehr wichtig, sie in einem ihrer letzten Lebensjahre nochmals zu besuchen.

Während Herta später auch an einigen Kursen von Volkmar Glaser teilnahm, der ebenfalls ein Schmitt-Schüler war, und sie sich durch ihn sehr bestätigt fühlte, auf ihrem eigenen Weg weiter zu gehen, war ihr dritter wichtiger Atemlehrer Cornelis Veening, von dem auch Ilse Middendorf wesentliche Elemente ihrer Arbeit lernte und den Herta erst in seinen letzten Lebensjahren hauptsächlich durch seine Behandlungen kennen lernte. Auch er eine starke, sehende Persönlichkeit, ein sehr warmherziger, eher introvertierter Mensch, mit einer gütigen, sehr präsenten Ausstrahlung. Herta hat ihn sehr frei und gelassen erlebt und alles Problematische, mit dem sie zu ihm kam, löste sich in den Behandlungen auf; so dass sie nur wenig mit ihm gesprochen hat. Dadurch hat sie kaum etwas von Veenings tiefenpsychogischen Wissen erfahren, das durch seine eigene Jung'sche Analyse und seine Zusammenarbeit mit Gustav Richard Heyer ein wesentlicher Aspekt seiner Atemarbeit war. Für Herta Richter war er vor allem ein im Tiefsten ehrfürchtiger Seelenführer, der sie, ohne sich einzu-

4 H. Richter/D. Mittelsten Scheid: Vom Wesen des Atems, Wiesbaden 2006, 32.

mischen, durch seine Hände ermutigte, sich ganz dem Geschehen in völligem Vertrauen zu überlassen und der ihr die Botschaft vermittelte: „Du darfst sein, wie Du bist. Du bist richtig, Du bist gut.“ Sie sagte über seine Behandlungen: „Es ging ganz nach innen: Instase im Gegensatz zu Ekstase. Er war ein Magier, und die Dinge geschahen mit absoluter Selbstverständlichkeit.“[5] Viel lernte sie von ihm auch über die wahre Verantwortung einer Behandlerin, die, wie Veening sagte, in einer Schicht berührt, die verpflichtet. Viel mehr über diesen begnadeten Behandler werden Sie morgen im Vortrag von Bettina von Waldthausen erfahren.

Bevor ich nun auf das ganz Eigene und Besondere in Herta Richters Atemarbeit eingehe, möchte ich durch einige Zitate aufzeigen, wie ähnlich sich die großen Wegbereiter unserer Arbeit – zu denen natürlich unter anderen auch Karlfried Graf Dürckheim und Gerda Alexander gehören – wie ähnlich sie im Grunde in ihren Sehweisen sind und wie viel Gemeinsames sie bei allen Methodenunterschieden verbindet.

So sagt Ilse Middendorf in ihrem Buch *Der erfahrbare Atem*[6]: „Im ‚heilen Kern‘, in seiner Substanz, in seiner Ich-Wesens-Kraft also ist der Mensch angerufen, der behandelt wird. In der ungebrochenen Sammlung beider Beteiligten verdichtet sich die ‚Substanz‘, deren gesteigerte Kräfte den Kreislauf des Lebendigen im gesamten Leibgefüge schaffen. Hilfreich ist in diesem Stadium, das Kranke zu vergessen und alle Lebenskräfte auf das bewirkende Atmen zu richten. Geboren aus der unfassbaren Einheit in die unfassbare Vielfalt streben wir in eine neue Einheit, die irdisch ausgedrückt ‚Ich-selbst‘ heißt – ‚Ich-bin‘. Heilung entsteht, wenn wir im Atmen dieser Wesenskräfte inne werden.“

Cornelis Veening sagt in einem Vortrag über das Bewirkende: „Sie müssen sich darüber klar sein, dass der Atem an sich etwas Absolutes ist, oder, vom Archetypischen, vom Urbild her gesehen: von Gott eingehaucht ist.“ Und über die tiefe Atemquelle an der Basis sagt er: „Hier ist das ‚andere Ich’ zu Hause. Ein völlig affektloses, ein wissendes ... es horcht auf die Quellen und verfällt den äußeren Dingen nicht ... und es hat eine unmittelbare Beziehung zum Zentrum des Herzens, zum überpersönlichen Herzen, nicht zu dem, welches sich an die Dinge hängt. ... Dieses andere Ich weiß um die inneren Kräfte, ist aber diese Kraft selbst nicht. ... Hier bin ich in der Nähe meiner Wahrheit, die mich eine große absolute Wahrheit ahnen lässt – ganz ohne Eigenschaften. Es ist wirklich so, dass Erfahrungen dieser Art ein neues Bewusstsein geben und den Menschen verwandeln und neu machen, und dass von hier aus das Bewirkende ausgeht.“[7]

5 Ebenda, 35.

6 I. Middendorf: Der erfahrbare Atem, Paderborn 1998, 88/89.

7 VAVE, Hrsg.: Atemweisen. Wurzeln und Gestalt der Atemlehre von Cornelis Veening. Wiesbaden 2013, 27.

Und nun ein Zitat von Graf von Dürckheim aus seinem Buch *Vom doppelten Ursprung des Menschen*: "Wir müssen im Atem den Odem des GROSSEN LEBENS wahrnehmen, der alles Lebendige durchwaltet und so auch den Menschen als ganzen Menschen bewegt, ihn als Seele, Geist und Leib lebendig erhält." Und etwas später: „Es gibt nur eine unbestreitbare Übung, das ist die Übung zu lernen, *den* Atem, der nicht vom Menschen erfunden, sondern ihm eingeboren und wesensgemäß ist, zuzulassen."[8]

Dr. Ludwig Schmitt sagte am Ende der von ihm organisierten ersten großen AFA-Tagung 1959 in Freudenstadt: „In der Mitte ist ein Unsichtbares und ein Unnennbares, dem wir alle zustreben – nennen wir es mit einem einfachen Wort: die Vollkommenheit."[9] Und später fügte er etwas hinzu, das sicherlich auch heute noch so gilt: „In der Atemwelt gibt es keine Autoritäten, es gibt höchstens Originalitäten. ... Ich möchte ganz deutlich und mit aller Herzensintensität ... sagen, dass wir niemals eine Sekte, niemals eine Konfession und niemals eine Weltanschauung in irgend einem Sinn sind und sein können, sonst haben wir das Wesen des Atems, der weht, wo er will, verloren."[10]

Dazu passend ein Zitat von Gerda Alexander, der Begründerin der Eutonie: „Denn es ist kennzeichnend für die Praxis der Eutonie, dass ein jeder sie anders erfährt, als einen Weg, auf dem das Leben selbst sich kundgibt. Denn die angestrebte Einheit entsteht durch das Zusammenspiel zahlloser innerer und äußerer Kräfte, die in uns auf immer neue Weise ein dynamisches Gleichgewicht erlangen."[11]

Und zum Abschluss dieser Zitate noch Herta Richter: „Wo wir uns unserem Atem anvertrauen, uns ihm überlassen, ihm lauschen, öffnet sich der Zugang zu unserer Wahrnehmungs- und Empfindungsebene. Das Tor zu unserer inneren Welt tut sich auf. Der Atem trägt uns hinein, findet Raum, durchschwingt ihn. In unserer Hingabe an seinen Fluss, sein Spiel, erwacht in uns das Erleben unseres Selbst, unseres Seins, unseres So-Seins. ... Da gibt es keine Vergleiche, da gibt es nur die Suche nach der eigenen Wahrheit, nach Deinem Urgrund, danach, wie Gott Dich gemeint hat."[12]

Wir spüren dem gerade Gehörten noch ein wenig nach und ich frage wieder: Was ist uns allen hier gemeinsam – was lässt uns atmen – was lässt uns hier sein? Ist es spürbar, was uns verbindet – sind wir in Kontakt mit dieser Quelle, die

8 C. Dürkheim: Vom doppelten Ursprung des Menschen. Verheißung – Erfahrung – Auftrag. Rütte: Johanna Nordländer (2009), 137.

9 K.O. Kuppe, Hg.: Zeitspiegel des Atems. Bad Homburg 1960, 123.

10 Ebenda 125.

11 G. Alexander: Eutonie. Ein Weg der körperlichen Selbsterfahrung. 10. ergänzte Aufl. Hg. K. Schaefer. Bern 2012, 18.

12 H. Richter: Der Atem – das Leben. Vorträge, Aufsätze, Tagebuchnotizen 1979 bis 2011. Hg. „Atemheilkunst e.V." 2013, 67.

wir alle ahnen und aus der alles entspringt? Die Frage schwingt in uns, aber wir suchen keine Antwort. Atmend – lassen wir uns sein.

Dazu ein Wort von Meister Eckhart, das Herta Richter gelegentlich in ihren Atemgruppen zitierte:

> „Lausche auf das Wunder!
> Wie wunderbar:
> Draußen stehen wie drinnen,
> begreifen und umgriffen werden,
> schauen und zugleich
> das Geschaute selbst sein,
> halten und gehalten werden –
> das ist das Ziel,
> wo der Geist in Ruhe verharrt,
> der lieben Ewigkeit vereint.“

In diesen Worten drückt sich vieles von dem Geheimnis aus, das sich uns in der Atemarbeit offenbart, ein Geheimnis, das den zitierten Atemlehrern nahe war und das ihnen Gemeinsame enthält. Sie waren sich bewusst, dass wir über den Atem mit der Quelle des Seins verbunden sind und dass wir durch die Verbindung mit dem Atem die bewirkende Lebenskraft auf persönliche Weise im Leib, dem beseelten Körper, erfahren können und dass wir dadurch mit unserem Wesen eins werden, ungetrennt vom Ganzen. Dabei geht es immer um eine geheimnisvolle Balance zwischen Tun und Nicht-tun, zwischen Handeln und Geschehenlassen, zwischen achtsamer Hinwendung und völliger Hingabe an den Fluss, zwischen persönlichem Ich und unmittelbarem Sein. Es geht um die aktive Beteiligung und das gleichzeitige passive Zeuge sein in diesem beständigen Schöpfungsprozess, der von Moment zu Moment, in jedem Einatem und jedem Ausatem unsere erlebte Wirklichkeit erschafft.

Gerade in unserer immer funktionaler und virtueller werdenden Zeit, mit ihrer Ausrichtung auf schnell erreichbare Ziele, digitaler Kommunikation und oberflächlich zu befriedigendem Konsum, ist es wesentlich, sich auf die gemeinsamen Quellen der Atemarbeit zu besinnen und nicht an deren Wirksamkeit und Wichtigkeit zu zweifeln. Gerade auch in der Ausbildung der Jüngeren zu Atemtherapeutinnen und -therapeuten erscheint es mir wichtig, diesen ganzheitlichen, auf dem eigenen Erspüren und Erfahren aufbauenden Ansatz zu betonen und nicht das Methodische und über rationales Wissen Vermittelte in den Vordergrund zu rücken, obwohl natürlich auch das wichtig ist. Bei allem sinnvollen Bestreben nach einer auch wissenschaftlichen Begründung und Anerkennung der Atemtherapie und einer hochschulzertifizierten Ausbildung sehe ich die Gefahr, dass ihr Wesenskern, ihre innere Kostbarkeit an Bedeutung verlieren könnten und damit die lebendige Flamme, die in ihr sichtbar wird, verblasst. Aus vielen Gesprächen und aus meiner eigenen Ausbildung mit Herta Richter weiß ich, dass ihr dieser Aspekt sehr am Herzen lag, und sie oft sagte: „Der Atem verträgt wenig Methode“[13]. Die zunehmende Entfremdung und digitale Hypnose junger Menschen beobachtete sie mit großer Sorge, und immer wieder betonte sie, wie wichtig die Beschäftigung mit dem Atem in unserer Zeit ist und was für ein wunderbarer Beruf derjenige der Atemtherapeutin ist; ein Beruf, den man, wie sie oft betonte, nur ausüben kann, wenn man die Menschen liebt.

So lag es Herta in den letzten Jahren besonders am Herzen, eine Fortführung ihrer Arbeit im „Atemhaus München“ zu ermöglichen. Deshalb widmete sie sich in ihren Arbeitskreisen, Supervisionen und Seminaren hauptsächlich der Fortbildung schon praktizierender Atemtherapeutinnen und Atemtherapeuten und legte die Ausbildung der neuen Schülerinnen in die Hände der von ihr ausgebildeten Lehrerinnen. Außerdem gründete sie mit viel Einsatz noch den gemeinnützigen Verein „Atemheilkunst Johannes Ludwig Schmitt e.V.“, der sich zunächst im wesentlichen um die Dokumentation und die Verbreitung der Arbeit von Dr. Schmitt kümmerte und sich jetzt zunehmend dem Ziel widmet, Hertas Wissen und Wirken lebendig zu erhalten.

Und damit komme ich zurück zur konkreten Arbeit von Herta Richter, deren Geist diesen Vortrag durchweht und deren Botschaft ich Ihnen noch näher bringen möchte.

Wenn ich jetzt zu Herta hin spüre, erinnere ich sie bis zum letzten Tag in ihrer quicklebendigen Weise, in der sie mich, wie so viele andere, mit ihren wachen Augen, ihrer Frische und natürlichen Wärme so begrüßte, dass ich mich von ihrer Freude wirklich gemeint fühlte und echte Liebe spürte. Alles Problematische, mit dem man vielleicht kam, wurde für diesen Moment ausgelöscht. Das war ihre Magie und ein Teil des Geheimnisses, weshalb diese kleine Frau eine so starke Wirkung hatte und von so vielen Menschen geliebt und verehrt wurde. Sie war durch und durch authentisch und natürlich, mit großem Vertrauen und Mut zum Eigenen. Ihre Naturverbundenheit erdete sie in all ihrer geistigen Offenheit und sie pflegte ihren Garten und ihre Pflanzen mit ihren Händen so liebevoll, wie sie ihre Schülerinnen und Patienten behandelte. Trotz ihrer vielen Freunde und Kontakte war sie gleichzeitig persönlich und unpersönlich und in gewisser Hinsicht allein. Im Alleinsein zu Hause schuf sie ständig Verbindung und Gemeinschaft. Immer wieder bis ins hohe Alter kam auch das neugierige, begeisterungsfähige Kind durch mit einer gelegentlich unschuldigen Naivität.

Manchmal war sie auch wie ein rastloser Schmetterling ständig in Bewegung. Und dann wieder war sie ganz präsent als die vom Leben geprägte und

13 Ebenda, 63.

gereifte weise Frau, voller Mütterlichkeit und tiefer geistiger Verbindung zum Göttlichen, dessen Ruf sie diente.

Zuerst habe ich Herta in ihren Behandlungen kennengelernt und wusste schon nach der ersten Behandlung, bei der ich nach einer Operation in einem körperlich sehr schwachen Zustand war, dass ich diese Kunst lernen wollte. Was war besonders? Als erstes fällt mir die Qualität ihrer Berührung ein, einer Berührung die über ihre Hände unmittelbar spürbar machte, das sie mit ihrer ganzen Anwesenheit und Achtsamkeit bei mir war und Sicherheit gebend mich einlud, auch ganz bei dem zu sein, was von Moment zu Moment geschah. Da war also zunächst dieses ganz Angenommensein, ein grundsätzliches, unhinterfragtes Ja zum jeweiligen Sosein. Deshalb war es möglich, loszulassen und sich einzulassen auf die manchmal sehr kraftvollen, manchmal ganz sanften, bisweilen die Aufmerksamkeit rufenden und dann wieder in großer Stille und Geduld nach innen lauschenden Impulse ihrer sehenden Hände. Manchmal brauchte ich Zeit, um bestimmte Körperräume oft erstmals und mit mir unbekannten Empfindungen zu erspüren und war häufig überrascht, wie lange Herta geduldig verharrte, bis eine Antwort im Atem lebendig wurde. Es war wie eine sanfte Ermutigung, nach sich selbst zu fragen und zuzulassen, was geschehen will. Während ihre Berührung auf der einen Seite sehr persönlich war – so dass viele von uns das Gefühl hatten, ein ganz besonderes Verhältnis zu ihr zu haben – war sie auf der anderen Seite auch ganz unpersönlich und ließ einen im nicht interpretierten Eigenen. Manchmal war sogar eine sehr achtsame aber nüchterne Distanz zu spüren. Gerade durch dieses persönlich Unpersönliche entstand die Empfindung, über die direkte körperliche Berührung hinaus von etwas Immateriellem berührt zu werden, etwas direkt Heilendem, vielleicht Heiligem. Es wurde spürbar, wie der Atemkörper weit über den materiellen Körper hinausgeht und in Kontakt ist mit einer anderen Dimension. In solchen besonderen Momenten, die Herta selbst als Gnade empfand, wurde es möglich, sich ganz zu überlassen, sich tragen zu lassen und so ein Einssein zu erleben – ein großes zu Hause.

Nach der Behandlung verließ Herta immer für eine Zeit lang den Raum, um sich danach wieder in wacher, zugewandt abwartender Weise neben einen zu setzen. Sie nahm liebevoll auf, was vom Erlebten mitgeteilt werden konnte und gab nur in Ausnahmefällen Kommentare oder gar Interpretationen dazu. Nur manchmal ein kleiner Satz oder eine Frage, die in einem nachschwangen. Diese Haltung bewirkte bei mir oftmals ein Weniger-wichtig-Nehmen bestimmter Probleme, mit denen ich in die Behandlung gekommen war, ja ein Schmunzeln über mein Eingeengtsein durch geglaubte Bedeutungen, die sich in der Behandlung aufgelöst hatten und einer viel größeren Freiheit Raum gaben.

Manchmal hatte ich jedoch auch den Eindruck, dass Herta durch diese durch und durch akzeptierende Haltung gelegentlich Konfrontationen und Konflikten auswich und dadurch im praktischen Leben vielleicht zu oft ja sagte und sich im Ständig-für-andere-da-Sein verausgabte. Dabei konnte sie im Wunsch, nicht zu verletzen, auch sehr diplomatisch sein. Ich denke, dass die erlebten Schicksalsschläge und sehr schmerzhaften Verluste auf ihrem Lebensweg bei ihr nicht wie bei vielen Menschen zur Verhärtung geführt haben, sondern vielmehr zu noch mehr Güte und einer Haltung des Nie-etwas-Nachtragens. So sagte sie selbst, dass ihre früher noch vorhandene Tendenz, beim Behandeln tun und verändern zu wollen, in den letzten Jahren ganz verschwand und an deren Stelle Geduld und Liebe traten.[14]

Und nun zu ihrer Gruppenarbeit, die immer in einem liebevoll mit Blumen und besinnlichen Details vorbereiteten Raum stattfanden. Wesentliche Merkmale der von Herta angeleiteten Atemgruppen waren die Einfachheit und Direktheit ihrer Angebote, der große Freiraum, den sie mit viel Zeit ließ und in den sie einlud, und ihre Ausstrahlung und Präsenz, die durch ihr intensives Mit-Üben besonders stark wirkte. Dabei ging es nie um das Imitieren oder Können einer vorgegebenen Form oder das Erlernen bestimmter Bewegungsabläufe. Und oft war neben all der geistigen Tiefe etwas Heiteres, Luftiges und Spielerisches im Raum. Ganz besonders waren ihre Sprache und ihre Stimme. Häufig schien es so, als flössen ihr durch das Lauschen nach innen wie durch eine Eingebung Worte zu, die direkt berührten und auf natürliche Weise in die Erfahrung einluden, einluden, in die Worte hinein zu lauschen und ihnen dann auf einem eigenen Weg zu folgen und in der eigenen Tiefe Aktuelles zu erspüren und zu erfahren. Es war ihre besondere Kunst, Worte zu finden und mit ihrer warmen und geschulten Stimme zu vermitteln, durch die sich auch ganz unterschiedliche Mitübende persönlich gemeint fühlten. Dadurch, dass sie selbst in der Übung mitmachte und gleichzeitig wach die Gruppe wahrnahm, griff sie oft Elemente auf, die ihr bei einer der Übenden auffiel und machte daraus ein weiterführendes Angebot. Auf diese Weise baute sich, wie sie immer sagte, auch nach einer sorgfältigen inneren Vorbereitung, die Stunde im Grunde selbst, und oft war es ihrem Verständnis nach Gnade, was einem dabei zufällt und was einem geschenkt wird.

Sie erlebte diesen Prozess als eine sich aus sich selbst und einem inneren Gesetz gestaltende Gesamtkomposition. So war Herta bei aller wissenden Erfahrung und vertrauenden Kraft eine dem Augenblick Dienende, die ihr Ego gut hintan stellen konnte, um der Präsenz des Unbeschreiblichen und Essentiellen Raum zu lassen.

---

14 H. Richter/D. Mittelsten Scheid: Vom Wesen des Atems,Wiesbaden 2006, 99.

Wichtige Themen in ihren Gruppen waren zu Beginn Schwingen, Dehnen und Stille, dann das Erspüren der Basis, das sich über die Hände selbst Berühren und Erfahren, die verschiedenen Körperräume mit ihren unterschiedlichen Qualitäten, Haltung und Halt, der Mensch zwischen Himmel und Erde, Gleichgewicht und der Mut zur Verunsicherung, die sich selbst gestaltenden Bewegungen aus dem Atem, Vordergrund und Hintergrund, das rechte Maß, Ich und Du, das Körper-Instrument mit seiner Stimme und seinem Klang, persönliche Gebärden, der Kontakt zur Quelle und immer wieder Stille. Im Laufe der letzten Jahre wurden Hertas Gruppen immer durchgeistigter und ihre Angebote noch offener mit langen Übungsphasen, in denen sie nicht sprach. Dabei erinnere ich mit großer Dankbarkeit die Seminare „Atem und Stille“, die wir über viele Jahre gemeinsam in Poci anboten, in denen wir Schweigen und Atemarbeit miteinander verbanden.

Oft stellte Herta ihre Seminare auch unter ein geistiges Motto, mit dem sie die Gruppe schon vorher einstimmte. Eines der letzten lautete: „Veni creator spiritus – komm Schöpfer Geist“. Das ganze Seminar war von diesem Geist durchweht.

Nach den Übungsgruppen gab es immer eine Zeit des Ruhens, und dann setzten wir uns zu einem Gesprächskreis zusammen. Auch dabei war Herta vor allem aufmerksame, auf- und annehmende Zuhörerin, die vor allem in den letzten Jahren nur selten einen Kommentar oder eine offene Frage anfügte. Die Tiefe und das dahinter Liegende sprach sie fast nie mit Worten deutend oder erklärend an, denn sie hatte ein fast unerschütterliches Vertrauen, dass es sich durch sich selbst offenbart. Gefühle, Probleme und auch Verhinderungen konnten sich in diesen behutsamen Gesprächskreisen offen zeigen, jedoch ohne psychologische Deutungen und ohne dass etwas mit ihnen gemacht wurde. Manchmal gab es auch besonders nach tief gehenden Gruppen gar nichts zu sagen, und wir saßen in der Stille beisammen im Nachklang des Unbeschreiblichen.

So möchte ich Sie jetzt einladen, noch einmal selbst in die Erfahrung zu gehen. Vielleicht schließen Sie eine Zeit lang die Augen und nehmen Kontakt mit dem Boden und ihrer Basis auf. Lauschen Sie in sich hinein. Spüren Sie das Getragensein vom Boden her und erlauben Sie dem Gehirn zu entspannen. Was immer gerade empfunden und erfahren wird darf da sein und, ohne es festzuhalten, kann es weiterfließen. Noch einmal hören wir den Satz „Verbinde dich mit dem Atem“ und jetzt erlauben wir uns, dieser Einladung wirklich zu folgen. Es wird spürbar, wie der Atem in uns atmet. … Wir spüren seinen Rhythmus, seine Bewegungen, seinen Strom. …
Spüren wir noch genauer hin:

Die Nase ist wach und empfängt den Einatem, so wie er natürlich fließt. Ist es ein großer Einatem, ein sehr körperlicher oder vielleicht ein ganz feiner? Lassen Sie Sich Zeit, die unterschiedlichen Qualitäten des Einatems zu erfahren. ... Und dann der Ausatem, von innen nach außen, die Verbindung zum Raum. Lassen Sie Sich ganz auf den Ausatem ein und lauschen Sie ihm nach, bis er fast versiegt. ... Und dann kann uns die Ruhe nach dem Ausatem berühren, die Tiefe des Raums, der sich eröffnet, die Stille, das Ungeformte – ein Geheimnis. ...
Dazu hören wir diese Worte von Herta Richter: „Ich gehe in die Stille, lausche meinem Atem und verbinde mich mit ihm – dem göttlichen Strom in mir. Er ist immer da. Wenn ich mich ihm übergebe, schenkt er Licht und Heilung und öffnet sanft den Raum der Liebe“. [15]
Berührt von diesen Worten und ganz aus ihrem Eigenen lassen Sie nun langsam von innen eine Gebärde entstehen, die über ihre Hände und Arme Form annimmt, eine Gebärde, in der Sie selbst in diesem Moment sichtbar werden und sich ausdrücken. ... Lassen Sie Sich eine Zeit lang in dieser Gebärde mit dem Atem schwingen. ... Und langsam schwingt es aus, ... Sie können Ihre Augen wieder öffnen, und wir spüren unser Zusammensein hier im Raum. ...

Noch einen Satz zum Abschluss: Unsere Aufgabe mag es sein, diese Verbindung mit der Atemquelle immer wieder neu zu erfahren und sie in unserer Arbeit auf den unterschiedlichen Wegen und in unserer eigenen Weise zu vermitteln, zu lehren und zu leben. Herta sagte in einem unserer Gespräche auf meine Frage, was eine gute Behandlerin charakterisiert: „Jeder Behandler ist ein anderer Mensch, hat damit eine andere Art des Schauens, des Berührens und sich Berührenlassens; hat eine andere Tiefe oder Leichtigkeit, eine andere Komposition. Wenn all die zu lernenden Fähigkeiten sich in ihrer Weise gemischt haben, wenn das Herz der Behandlerin offen ist und das Wissen *aus ihm* fließt, wenn sich dann auch die Öffnung in das Geistige schenkt, mit dem Erkennen, dass ohne den Anschluss an *ES* nichts gelingen kann, dann kann man von einer wissenden Behandlerin, einem wissenden Behandler sprechen.“[16]

Danke!

15 H. Richter/D. Mittelsten Scheid: Vom Wesen des Atems, Wiesbaden 2006, 137.
16 Ebenda, 33.

Seminar in Zist vom 7. bis 12. September 2010

Einheit 1

Thema des Seminars:
„Das Herz hat einen Verstand, den der Verstand nicht versteht“ (Pascal)

Begrüßung.
Lasst euch still werden ... aus der Stille heraus taucht ein kleines Schwingen um den Rumpf auf, ihr nehmt es ... ... und da ist die Nase, die Luft ... und der Atem ... schwingen, die Nase, die Luft, der Atem ... ... die Nase, die Luft, der Atem und das Schwingen – ich setze es jetzt mit ganzer Absicht ans Ende ... eins in das andere hinein ... Nase, Atem, Schwingung ... Schwingung, Nase Luft, Atem ... eines aus dem anderen, eines in das andere hinein ... und lasst es euch geschehen ... ... eines in das andere, eines aus dem anderen ... ... und immer mehr geschieht es, immer weniger müsst ihr es kontrollieren ... immer mehr geht ihr einfach mit, lasst es euch schenken ... ... die Bewegung regt den Atem an, der Atem füllt die Bewegung ... die Luft strömt immer wieder ein, Atem, Bewegung, ... lösend, seid durchlässig ... keine festgelegte Bewegung immer neu ... lasst euch mitnehmen ... ... irgendwann schwingt es in die Mitte ein, in die Stille, Ruhe ... mit den Händen fühlt ihr eure Mitte, löst eure Mitte, spürt sie, eure Mitte ... die Hände ... streicht doch mal mit den Händen um die ganze Mitte herum über die Flanken, Nabel, zu den Nieren zum Rücken hin, spürsam, keine große Aktivität, zeigt euch einfach diesen Raum der Mitte, die streichenden Hände sind ja auch immer einladende Hände ... ... da ist immer noch die Wachheit in der Nase, die Luft, der Atem ... und die Einladung der Hände, da wo sie euch berühren ... Raum zwischen den Händen, lebendiger Atemraum ... Mitte ... ... immer die Verbindung zur Nase, zur luftigen Nase ... ... der Atem verbindet Nase und den Raum unter euren Händen ... ... und wenn es gut ist, dann lösen sich die Hände vom Leib ...

... und die Arme und Hände sind in der Luft vor euch, die Unterarme frei ... und ihr lasst ein kleines Spiel zwischen Händen und Unterarmen, Ellbogen, Handgelenke, spürend ein kleines Spiel, was entsteht jetzt – nicht wie mache ich so was immer, sondern was ist jetzt – wie zeigt sich dieses Spiel ... es ist meins ... Freiheit in den Handgelenken, Freiheit in den Ellbogen, ja da tauchen schon ein bisschen die Schultern auf, es ist noch mehr in diesen unteren Bereich der Arme ... ganz, was will sein, was taucht auf, spielt sich ... oder umspielt mich ... kann ich spüren, dass ich es bin ... dass es aus mir entsteht ... aus dem Jetzt-hier-Sein ... kann ich ganz in dieser meiner Bewegung drinnen sein ... es sind nicht die Hände, es sind nicht die Arme, sondern ich bin in ihnen ... sie drücken mich aus in ihrer Bewegung, in ihrem Bewegtsein, sie zeigen mich, sie zeigen mich auch mir selbst … die Nase bleibt lebendig … und immer solange es euch Freude macht, es stimmt, noch dran zu bleiben oder ihr spürt, es hat sich erfüllt … … … auch immer solange ihr spürt, ja ich bin noch drinnen … und ihr spürt auch, wie es dann zur rechten Zeit zu Ende gehen will aus der Schwingung, in die Ruhe … ausschwingt … danach streicht ihr euch nochmal über den Leib, Mitte, Nabel über den Unterbauch, einfach warm und leicht und liebevoll aus dieser tragenden Mitte aus … stärkend, einladend … und lasst danach die Hände ruhen auf den Oberschenkeln oder zwischen den Oberschenkeln und spürt, was ist geschehen mit mir … … …

… und dann kommt zum Stehen … beide Füße auf dem Boden, das ganze Gewicht tragend … so ein Bewegungsspiel des Körpers über den Füßen … spürt die verschiedene Art der Belastung auf den Füßen, mal da mehr, mal dort mehr, von einem Bereich zum anderen wo ihr hingetragen werdet durch die Schwingung …. bewegt sein im Körper über den Füßen und spürt wie verlagert sich das Gewicht auf meinen Füßen … was geschieht … immer wieder ist es woanders, immer wieder bringt es mich vielleicht auch in Gefahr, den Halt zu verlieren … wie gehe ich damit um? …. mal sind es mehr die Zehenballen, mal sind es mehr die Fersen, mal mehr die Außenseite eines Fußes … Innenseite eines Fußes … wie gehe ich damit um … Schwingung im Rumpf, im aufgerichteten Körper … die Schwingung wird mit der Zeit etwas größer … das Spiel wird leichter … die Arme kommen mit in das Spiel und die Achselhöhlen werden frei … und so lasst ihr euch schwingen, lasst Schwingung geschehen, immer ist euch das Spiel, die Füße auf dem Boden bewusst, die ständige Veränderung der Auflage, des Spürens der Auflage, des Gewichtes auf der Auflage … die Achselhöhlen, die immer freier werden, die Arme die immer freier werden … da bleibt ihr in diesem Spiel, Schwingung über dem Boden … da lasst in eurem Bewusstsein den Kreis auftauchen … Freiheit der Arme, Freiheit der Achselhöhlen, in den Achselhöhlen die Freigabe, der Kreis …. da ist der Mensch … und in eurem Bewegtsein trefft ihr den Kreis … öffnet euch, trefft den Kreis … meint den Kreis … ihr gebt Raum, gebt euch in den Kreis… findet eure Weise … in den Raum … ihr gebt dem Kreis Raum in euch … ihr gebt, nehmt Raum im Kreis … die Achselhöhlen öffnen sich, die Befreiung in den Achselhöhlen … ihr nehmt Raum, und ihr gebt Raum … der Kreis … unser Kreis … ihr öffnet euch … … … … … und aus dieser Schwingung, aus dieser öffnenden, nehmenden, gebenden Schwingung finden irgendwann eure Händen zueinander, ihr fasst euch im Kreis an den Händen … zu eurer Zeit … die Hände ineinander … ihr bleibt in der Schwingung … eure Schwingung, die Schwingung, die an euch anschwingt … lasst durch, lasst geschehen, was geschehen mag … … was geschehen will … seid durchlässig … … seid durchlässig … ein Kreis … jeder, jeder Mensch in seiner Schwingung und doch ein Kreis … … eins … … ihr spürt auch, wann ihr euch daraus lösen wollt … achtsam damit … spürsam …

… spürt mit den Händen nochmal dem Kreis nach … aus dem ihr euch gelöst habt, lasst ihn noch einmal, schaut ihn noch einmal an … …

… … … nehmt euch an euer Herz … nehmt euch an euer Herz … und nehmt den Kreis an euer Herz … findet eure Gebärde, findet eure Weise … ich nehme mich an mein Herz, ich nehme den Kreis an mein Herz … seid euch eurer Nase bewusst, der luftigen Nase … ich nehme mich an mein Herz … ich nehme den Kreis an mein Herz … ich finde meine Gebärde … … ich nehme mich an mein Herz, ich nehme den Kreis an mein Herz … … öffne mich nach innen, öffne mich nach außen … bin bereit … mein Herz zu nehmen … der Atem öffnet die Räume … … … … zu eurer Zeit streicht ihr vom Herzen, Brustraum über die Mitte hinunter zum Unterbauch … nochmal zusammenbringend, verbindend … Raum gebend … durch euch durch … die Tiefe des Beckens hinunter … ein Hinuntersenken … aus dem Herzen … in eure Tiefe … lasst dann eure Hände im Schoß … …

… und wieder beginnt ein kleines Schwingen des Rumpfes, das ganz von innen her auftaucht, das ihr geschehen lasst … lauschend, spürsam … und wenn es da ist, dann lasst ihr euch klingen, lasst euch Zeit, bis es sich findet, auftaucht … Bewegung, Atem, Klang … … eins in das andere hinein … Bewegung, Atem, Klang … eines schwingt in das andere, eines mündet in das andere … und die Klänge kommen wie sie kommen … … da ist mein Klang, da sind die anderen Klänge, sie treffen sich, spielen ineinander … … meine Melodie vielleicht … mit den anderen Melodien, wie sie sich treffen … … … die Bewegung ist frei … … und wenn es sein mag, sind die Arme frei … … eure Melodie hat ihre Bewegung … … … …

Lasst euch ruhen auf dem Boden.

Protokoll Herta

„Das Herz hat einen Verstand, den der Verstand nicht versteht.“ (Pascal)

Große Gruppe, großer Saal. Bei allem so viel Vertrautheit.
Ich beginne: Luft, Nase, Atem, Bewegung. Bewegung, Atem, Nase, Luft. Sanftes Schwingen. Wie alles sich gegenseitig bedingt!
Mitte ausstreichen. Sich dabei sammeln und einfinden. Mittenkraft. Um Mitte streichen.
Arme in der Luft, lösen in Handgelenken, Ellbogen, auch in Schultergelenken. Mein Spiel. Ich lasse es ganz von innen her sich zeigen und entwickeln. Ich zeige mich mir selbst. Nase deutlich, Luft. Sehr lange damit, bis es ausschwingen will. Stehen. Füße, Boden. Leichtes Schwingen. Veränderung der Fußauflagen am Boden. Wo ist Halt? Allmählich öffnen der Achselhöhlen. Ich durchschwinge mich. Atem, Bewegung. Je mehr ich mich freigebe, übergebe, desto sicherer kommt meine Bewegung, meine bewegte Gebärde. „Ich spiele mich“.

Irgendwann finden Hände zusammen, der Kreis schließt sich. Weiter schwingen. Vielerlei Schwingungen finden zusammen, ineinander, werden Eins. Wenn ich mich lösen will aus dem Kreis, gehe ich achtsam, spürsam damit um, auch im Empfinden, was das bedeutet, so etwas Gewachsenes, Gewordenes wieder zu lösen.
Ich nehme mich an mein Herz. Ich nehme den Kreis an mein Herz. Damit lange umgehen. Wie? Wie gestaltet sich das, dass es für mich eine wahre, echte Erfahrung wird? Sehr interessant!
Bauch ausstreichen. Nun vom Herzraum über Sonnengeflecht zum Unterbauch streichen, einige Male. Herz erden, Raum in der Tiefe geben.
Lasst euch klingen. Euch selbst, so wie es aus euch spontan kommt. Ihr klingt. Melodien, eigene, ineinander. Eine große Melodie. Meine, die der anderen. Klingen wunderbar ineinander. Herrlich.
Ruhen
Keine Gespräche.

Einheit 2

Lasst euch doch mal von einer Gesäßseite zur anderen Gesäßseite gleiten ... über die Mitte, auf eine Seite das Gewicht verlagern, in die Mitte zurückkehren auf die andere Seite ... spürt, wie dabei ein Fuß zum Boden mehr Druck gibt ... das kommt ganz von selbst durch die Verlagerung ... so lasst ihr euch hin und her schwingen ... von Seite zu Seite ... öffnet euch in eurer Nase ... vielleicht kann man auch sagen, lasst eure Nase sich öffnen durch die einströmende Luft ... die Verbindung, die sich herstellt zwischen der Bewegung, zwischen dem Bewegtsein von Seite zu Seite und der luftigen Nase ... ihr spürt eure Sitzbeinhöcker dabei, es ist ein Gleiten über den Sitzbeinhöcker jeweils ... über sie hinweg zur Seite und zurückgleiten ... ihr geht diesen Weg ganz bewusst, ganz spürsam ... mit ... lasst euch tragen in diesen Weg hinein ... da ist der Atem ... ganz verbunden, immer mehr verbunden mit der Bewegung, die Bewegung fängt den Atem ein, und der Atem trägt die Bewegung weiter ... ... bis Bewegung und Atem so ganz zueinander gefunden haben ... seid euch der Füße auf dem Boden bewusst ... seid achtsam zu dem Geschehen ... was geschieht mir dabei ... dieser Weg, den ich gehe – beinahe gegangen werde ... und der bewirkend ist ... ... Empfindung begleitet das Geschehen ... das löst euch aus allem mechanischem Tun heraus, verschwindet ... seid ganz in diesem Geschehen anwesend ... solange es euch gefällt ... bis die Zeit da ist, dass ihr in eure Mitte einschwingen wollt ... in die Stille ...

... wenn ihr in der Mitte in der Stille gelandet seid, dann lasst ihr mal einige Male ein angehauchtes A ein HA – der Mund öffnet sich ganz, die Kiefergelenke lassen los, die Kehle gibt frei, ihr lasst dieses angehauchte A in eure Tiefe sich senken ... das ist kein klingendes A, ganz still und senkt sich durch euch hindurch in eure Tiefe … … ihr hört es für euch … der Einatem kommt ganz von selbst … es ist immer das angehauchte A, weit, breit, tief, durch euch durch wirkend … das Kinn senkt sich, die Kiefergelenke lassen nach, die Kehle lässt nach, die Zunge, der Zungengrund … und ihr geht ganz mit diesem Ausatemstrom, durch euch durch in eure Tiefe, Tiefe des Beckens … ja und noch viel weiter, in die Tiefe der Fußsohlen, in den Boden … der Einatem, dem ihr Zeit und Raum gebt … dann wieder dieses Euch-mit-dem-Atemstrom-ganz-in-die-Tiefe-Senken … ihr senkt euch in die Tiefe eures Leibes, in den Grund … der Zungengrund ist da … der Beckengrund, die Gründe der beiden Fußsohlen … und immer dieses Abwarten, wann kommt der neue Einatem … er kommt ganz sicher, wenn wir ihn lassen … ihn nehmen … … der Beckengrund, die Gründe der Fußsohlen … und danach dieses scheinbare Nichts … das Auftauchen des neuen Atems … … vielleicht tut euch eine Pause gut …

… und nach dieser Pause senkt ihr euch nicht in dieses HA in euren Grund, sondern in einem angehauchten U … HU … und es ist der gleiche Vorgang … ihr senkt euch mit dem angehauchten U in eure Tiefe … es ist sehr anders … der Mund ist ganz anders, der Mund schürzt sich … U … wieder in das scheinbare Nichts … bis das Neue auftaucht, der neue Einatem … … Raum und Zeit für den Einatem … empfangen, und dann wieder das Sich-Senken in den Ausatemstrom, in den Grund … und wieder der Grund des Beckens, die Gründe der Füße, der Grund des Bodens … kann sein, dass eine Hand oder die Hände das nachempfinden wollen, was da geschieht im Atem in euch … dieses Strömen, das euch deutlich wird, die Richtung des Strömens sich in den Händen, in einer Hand nach außen zeigen will, dann lasst es geschehen … wo es nicht sein will, da macht es bitte nicht … … dem Strom in euch nachspüren … ihr seid in ihm, und ihr spürt ihm nach, auch mit den Händen … wenn es sein kann … auch der Öffnung, der neue Einatem, nachspüren, lauschen … und entlasst euch aus jeder Frage – wie muss es sein – oder wie ist es richtig – sondern geht einfach mit euch, diesem Strom durch euch durch, in euch, Aufwachen des neuen Atems, Weite, geht da mit, spürsam, was es euch schenkt, das schenkt es euch … … lauschend, offen, durch euch durch in den Grund … ihr senkt euch in den Grund … zu eurer Zeit macht ihr wieder eine kleine Pause

… und wenn ihr wieder bereit seid, dann ist es wieder das HA … wartet euch ab, lasst es wirken, nachwirken … dann ist es wieder das HA … ganz freigegeben und ganz nach unten, frei … da sind die Gründe der Füße und der Grund der Erde, des Bodens … und immer wieder getragen werden … … … und irgendwann taucht vielleicht das Gähnen auf … ihr könnt es auch einladen … … … wenn das Gähnen kommt, dann kommt vielleicht auch bald das Räkeln … und das Dehnen … Freude an eurer ganz eigensten Räkel- und Dehnbewegung, wie sie sich einstellt … die Lust … … … die Arme wollen vielleicht auch irgendwann schwingen … … … so wie es euch gut tut, wohltut, euch erfreut … vielleicht schwingt es euch mal zum Stehen …

… die Füße auf dem Boden … und auch vielleicht schon dieses Erleben, wie das Schwingen, Bewegen, das ja den Stand vielleicht sogar unsicherer machen kann, die Füße auf dem Boden verankert … … der tragende Boden … mein Bewegtsein … da und da schon ein ganz kleines Wippen, was da auftauchen kann … ein bisschen mehr Verunsicherung … was macht dieses leichte Wippen, das Schwingen mit meinem Stand … ihr wechselt auch mal so von einem Fuß auf den anderen … Wippbewegung, die Knie sind immer gelöst, durchlässig, die Fußgelenke natürlich … das Becken und die Schultern … der Nacken … das Gähnen ab und zu … ihr lasst das Schwingen und Wippen mal ausklingen … kommt langsam wieder zum Stehen in die Ruhe und fragt mal im Spüren nach eurem Gesäß … greift einfach mal hinein, streicht es ein bisschen durch und dann klopft ihr euch im Gesäß aus … … das Kreuzbein noch dazwischen … und danach – wo es genug ist – kehrt ihr noch mal zurück zu diesem leichten Wippen … leicht bewegt sein, das Schwingen der Arme, spürt wie es jetzt ist … …

… und geht dann daraus zu eurer Zeit in ein Kreisen in den Knien, Freigabe in den Oberschenkeln … im Gesäß … Freigabe in der Zunge im Zungengrund … … Kreisen der Knie über dem Grund … Freigabe der Schultern … des Kniegrundes … Freigabe der Zunge … und immer euer Maß, eure Zeit … spürt ein wenig nach, in den Füßen auf dem Boden … sie sind noch ein wenig betroffen von der Bewegung, vom Schwingen, da sein bis sie ganz zur Ruhe gekommen sind … … zu eurer Zeit dann kommt zum Sitzen …

… was jetzt kommt, kennt ihr gut von mir, und ich kann nicht darauf verzichten, das Öl … das Fläschchen, das Glas, ihr bedient euch, gebt es weiter, nehmt es mit dem Finger raus (trinkt es nicht!), seid nicht zu sparsam, so dass ihr noch was für euer Gesicht habt … und ergötzt euch an dem Öl, an dem Duft und an dem Öl … streicht es ein wenig in euren Händen und um die Nase, euer Gesicht, eure Hände, so dass ihr nicht zu wenig nehmt … … vielleicht reicht es für euer ganzes Gesicht … … berührt euch … … … ihr streicht es auch in euren Händen … immer wieder auch mal vor das Gesicht … ja, J. streicht seinen Nacken aus, auch das ist ganz wunderbar … … … … ja, und der Duftraum um euch herum … der jetzt da ist … es taucht auf, euch einzulassen in das Thema: Duft, Luft, Bewegtsein, Bewegung, Raum … findet eure Weise … dieses Thema für euch lebendig werden zu lassen: Duft, Luft, Raum … Bewegung … Duft, Luft, Raum, Bewegung, Raum … … mein Raum … meine Bewegung … eindringender Duft immer wieder … alles in Verbindung … Duft … Raum … Luft … … …

… zu eurer Zeit lasst ihr eure Hände ineinander finden, zueinander finden … ausstreichen, liebevoll, berühren in dieser Sammlung, Geschlossenheit … es ist auch manchmal ein kleiner Druck der Händen ineinander, bewirkend, einladend, der sich auch wieder löst ... die Hände können auch mal ihr Zusammensein verändern ... wechseln, umdrehen ... und immer wieder ist es wieder dieser Druck, die Antwort auf diesen Druck, die Antwort im Inneren ist immer eine Atemantwort ... ... das Lösen ... die Hände finden immer wieder mal eine andere Weise aneinander zu liegen, sich zu berühren und in dieser anderen Weise ab und zu das Spiel ... da ist Druck, bewirkt etwas in mir, fragt nach ... da ist das Lösen, die Antwort ... das Lösen und seine Antwort ... auch der Ort, wo die Hände sich begegnen, ändert sich, der ist mal unten im Becken, der ist mal oben vor dem Kopf, dem Brustkorb, immer wieder ein bisschen anders, immer wieder auch Druck, das Lauschen auf den Druck, das Annehmen ... das Lösen ... auch das Spüren, wie lang muss dieser Druck sein, dass er wirklich bewirkend ist ... lauschen, geschehen lassen, wach ... immer die wache Nase ... bis die Hände mal ruhen wollen ... noch mal liebevoll ausstreichen und sich voneinander verabschieden ...

... eine Schulter steigt auf in Richtung zum Ohr und senkt sich wieder ... dann die andere ... ... lasst euch Zeit, so im Wechsel ... versucht zu spüren, was alles euch dabei geschieht ... dieses Emporwachsen der Schulter ... und wieder Sich-Senken der Schulter ... das braucht Zeit, wenn ihr wirklich ganz reingeht, durchgeht, bis das eine und das andere sich erfüllt ... und zwar nicht im richtig und gut machen wollen, sondern ganz mitgehen, ganz sich übergeben dem Geschehen ... das Emporwachsen, das Senken ... was geschieht mir alles dabei ... hat sich der Atem dazu eingefunden ... hat er was damit zu tun ... ... die Nase ... ihr macht mal ein kleine Pause ... und bewegt ganz fein eure Schultern im Gegensinn nach vorne und nach hinten ... ganz weich, ganz fein, ein kleines Schwingen, ein sanftes, leichtes ... die Schultern, die Schulterkuppen nach vorne und nach hinten ... ganz lösend, befreiend ... auch da, was geschieht mir alles dabei ... immer freier werdend, leicht ... Zunge, Zungengrund löst sich dazu ... leicht, leicht ... lasst es dann wieder los ... ... jetzt zieht sich nochmal die eine, die andere Schulter aus diesem Schultergürtel heraus nach oben ... wächst empor, senkt sich wieder ... nach unten ... die eine Seite und die andere Seite ... auch das ist ein Gespräch mit euch selbst ... ... und irgendwann hängen die Arme seitlich und es sind beide Schultern gleichzeitig, die nach oben steigen und sich wieder senken ... der Mund ist gelöst ... ihr wisst noch um den Beckengrund ... ein paarmal ... es löst sich dann ab mit einem kleinen sanften Schwingen der Arme im Gegensinn ... ganz leicht, keine große Bewegung, ein leichtes, lösendes Schwingen, das ihr durch euch durch wirken lasst ... wenn es reicht, der Wirkung nachspürt ... solange es für euch stimmt ... dann legen sich die Hände auf den Oberschenkeln ab ...

... und ein Letztes heute Morgen: ihr nehmt euch an euer Herz ... ... gebt euch Raum in eurem Herzen ... nehmt euch ans Herz, gebt euch Raum in ihm

… … was gibt uns Raum … Hinwendung im Atem … … … gebt euch Raum … in eurem Herzen … und lasst diesen Herzraum klingen … den Raum, die Schwingung des Klingens … … … … bis ihr vielleicht euren Klang, Herzklang findet, oder erkennt … .. … … lasst euch ruhen.

Protokoll Herta

Leicht schwingend von einer Sitzseite zur anderen bewegt werden. Füße, Druck jeweils?
HA strömt in meine Tiefe. Mund, Kehle, Kehlgrund öffnen, lösen. HA senkt sich, senkt mich in meine Tiefe. Beckengrund, Fußsohlen-Gründe, Boden-Gründe. Hände dazu? Immer Wirkung spüren.
HU ebenso. Danach nochmal HA.
Stehen. Füße, Boden. Wieder leichtes Bewegen und damit verunsichern des Standes. Dazu auch mal wippen. Was macht das? Verunsicherung. Kräftigt den Stand, die Gestalt, fügt sich zusammen.
Sitzen. Ölfläschchen wird herumgereicht. Duft, Luft, Bewegung. Duftraum. Sich Gutes tun. Lange.
Eine Schulter hochziehen, wechseln. Senken. Alles sehr bewusst. Dann noch beide gleichzeitig.
„Ich nehme mich an mein Herz". Wieder. Ich gebe mir Raum in meinem Herzen. (Ich befreie mein Herz – das morgen mal!). Lange.
Ich lasse mein Herz, meinen Herzraum klingen. Das wurde sehr zart und liebevoll. Pause.
Gesprächskreis. Für manche nicht einfach, in das Thema einzusteigen. Herz. Es wird viel gesprochen, mir ein wenig zu viel. Aber muss sein. Fragen im Raum, die wir versuchen müssen, im Atem zu betrachten und zu beantworten.

Einheit 3

[*Der Anfang fehlt.*]

Zwischendrin immer mal eine Pause, um zu sehen, warum wir das eigentlich machen … … ihr findet eine gute Lage, lasst euch nieder … … und streicht euch so in eurer Vorderseite … das Liegen auf dem Boden, mit dem Rücken seid ihr getragen … im Liegen in der Rückenlage und streicht euch … und spürt euch so in dem Raum zwischen den streichenden Händen und dem Boden … und tut euch wohl dabei … und ab und zu lasst ihr die Hände da oder dort auf dem Leib liegen und spürt euch durch den Raum durch von der Hand, von den Händen durch den Raum zum Boden hin … spürt ihr euch durch … mal da, mal dort … … und lasst euch so eure Innenräume deutlich werden … … wieder öffnet sich die Nase dabei … die Eingangspforte für die Luft, die sich dann als Atem unter euren Händen ausbreitet, Raum nimmt … … geht ganz mit eurer Empfindung mit, dieses Zusammenkommen von Empfindung, Sammlung, Atem … wohin ich mich sammle in meiner Empfindung, da taucht Atem auf, da findet er dazu … … … und immer ist euch der tragende Boden bewusst dabei … immer der Raum unter den Händen zum Boden hin … … und wenn es gut ist, dann legen sich die Arme ab am Boden, ein bisschen Abstand vom Rumpf, frei, und ihr spürt nach … verbindet euch mit dem Nachatem, mit der Nachschwingung … … und wenn die Arme so liegen, dass die Innenarme den Boden berühren und die Innenhände, dann dreht ihr sie um, lasst die Armrücken, die Handrücken den Boden berühren – und wo es umgekehrt ist, dann dreht ihr sie so um, dass die Innenarme und Innenhände den Boden berühren, auf dem Boden liegen … wenn ihr euch so gespürt und erlebt habt, dann dreht ihr es wieder um … dreht ihr die Arme wieder, wo die Außenarme den Boden berührt haben, da sind es wieder die Innenarme, Innenhände und umgekehrt … spürt euch so … und wenn ihr euch erspürt habt, dann dreht ihr die Arme wieder um, die Hände wieder um … spürt euch in dieser Lage der Arme und der Hände …

… und dabei wandert ihr jetzt immer ein ganz klein bisschen weiter von euch weg, kommt so langsam in den rechten Winkel der Arme zum Rumpf … aber immer so ein Stückchen weiter hinauf Richtung Kopf … es ist immer mal wieder die Innenseite, die berührt … und dann wieder das Drehen und die Außenseite … dann wieder ein bisschen Weg gehen der Arme nach oben am Boden, nach oben zum Kopf hin, aber lasst euch viel Zeit … spürt euch immer wieder neu in der nächsten einsetzenden Lage der Arme und Hände … spürt euch ein in die Lage, und wenn die erfahren ist, dann könnt ihr wieder weiter gehen … die Nase ist luftig und wach … und so wandert ihr immer näher Richtung Kopf … immer mehr nach oben, spürt die Veränderung eurer Lage auf dem Boden dadurch natürlich … versucht ganz weich mit dieser Veränderung umzugehen, sie anzunehmen und euch dem Boden zu überlassen, tragen zu lassen vom Boden, euch abgeben an den Boden … und immer noch ein Stückchen weiter, soweit es eben geht … mal sind es die Innenarme, Hände – mal sind es die Außenarme, Hände … immer ein Stückchen weiter, bis ihr spürt, jetzt ist es genug so … weiter geht es jetzt nicht, möchte ich auch nicht … und so gebt ihr euch in der Lage, in der ihr das spürt, gebt ihr euch nochmal ganz neu dem Boden, übergebt euch dem Boden … und wo Spannung ist, versucht ihr, sie einfach an den Boden abzugeben, die Spannung … und ihr spürt auch, dass es eine ganz bestimmte Phase des Atems ist, in der das Abgeben leichter ist … und vielleicht die andere Phase, in der die Spannung durchdrungen wird … die andere Phase des Atems, in der sie abgegeben wird … und ihr bleibt, wenn es euch möglich ist, eine Weile in dieser Lage … und geht so in dieses Eine-Atemphasedurchdringt-und-die-andere-gibt-ab, und die Phasen erkennt ihr, erspürt ihr und versteht ihr …

… in der Lage in der ihr jetzt seid, wechselt ihr wieder, die Innenseite der Arme und Hände auf dem Boden und die Rückseite der Arme und Hände auf dem Boden, spielt so hin und her … ihr seid und bleibt verbunden mit eurem Atem … ihr lasst euch spüren, welche Wirkung diese Bewegung eurer Arme und Hände auf euren Atem hat … wo Spannung ist, ihr wisst ja, da gebt ihr sie ab an den Boden … wenn es möglich ist, bleibt ihr in der gleichen Lage, aber doch in diesem Verdrehen Innen-, Außenseite … verbunden mit dem Atem … und dann, zu eurer Zeit, wandert ihr diesen Weg, den ihr hinauf gegangen seid Richtung Kopf wieder zurück in diesem gleichen Drehen außen, innen, Rückseite, Innenseite … immer wieder ein Stückchen weiter nach unten … lasst euch Zeit … und immer wieder die Innenseiten, die sich ablegen, die Innenhände … die Rückseiten, dabei wandert ihr am Boden entlang zurück … und werdet euch spürend der Wirkung bewusst … bis die Arme wieder in der Nähe des Rumpfes landen, ganz neben ihn, etwas Luft und Raum zwischen Armen und Seiten, Armen und Flanken … und verbindet euch mit der Nachschwingung, die Arme liegen ganz gelöst, wie sie liegen mögen, entweder Innenseiten oder Außenseiten, den Boden berührend … und ihr spürt, wo fühle ich mich wohler, ihr könnt auch nochmal wechseln, um es noch genauer zu erspüren oder zu erkennen … was ist so, und was ist so? … der Atem, der Nachatem … und vielleicht nochmal so ein-, zweimal diese Drehspiel, die Veränderung der Lage … nochmal da hinschauen, was geschieht so und was geschieht so? … …

… die Arme winkeln sich jetzt in den Ellbogen ab, die Unterarme und Hände steigen in den Raum hinauf, die Oberarme liegen am Boden, und es entsteht wie von selbst ein kleines Spiel der Unterarme, der Hände über dem Boden … freigegeben in den Ellbogen, freigegeben in den Händen … … spürt auch das Gewicht, ihr spürt die Schwerkraft … abgeben in der Luft, abgeben der Unterarme und Hände in der Luft … das Spiel in den Handgelenken, das Spiel in den Ellbogen … das Spiel ineinander fließend zwischen Ellbogen und Handgelenken, Handgelenken und Ellbogen … durchgehend ineinander fließend … die Hände in die Finger hinein … … immer wieder kann auch mal ein Seufzer auftauchen, wo es kommen will, wo es einfach kommt … lösen … bis ihr spürt, es reicht jetzt, ich gebe meine Unterarme wieder an den Boden zurück und die Hände … schaut mal wie sie sich legen wollen … …

… ein Arm steigt ganz in die Höhe, auch der Oberarm hebt sich ab, die Finger schauen nach oben, die Fingerkuppen … und der Arm spielt sich in die Luft hinein aufrecht … in den Raum über euch … und was ihm gefällt, das Kreisen, aber immer dieses nach oben gerichtet sein … und irgendwann löst er sich im Handgelenk, im Ellbogengelenk, im Handgelenk, im Ellbogengelenk, im Schultergelenk … spielt sich so in den Gelenken zurück zum Boden, die Freiheit der Bewegung, die Freiheit der Gelenke ... Handgelenk, Ellbogengelenk ... Schultergelenk und legt sich zu seiner Zeit am Boden ab, und ihr spürt euch dann liegend, diese Seite, diesen Arm, diese Hand ...

... und dann hebt sich der andere Arm ... ihr spürt ihn erst mal so aufgerichtet zum Raum, zum Raum über euch, zur Decke ... und wieder gebt ihr ihn frei im Spiel seiner Bewegung in diese Aufrichtung ... und immer dieses Strebende nach oben ... im Spiel in der Luft ... der Arm ist ja nicht allein, es seid immer ihr in diesem Arm ... und irgendwann zu eurer Zeit gebt ihr wieder das Handgelenk frei, gebt den Ellbogen frei, sie spielen ineinander hinein, sie bewegen sich ineinander, umeinander, nacheinander, Schultergelenk ... werden euch bewusst, diese drei sich lösende Gelenke ... euer Arm ... im Spiel ineinander, auseinander, bis der Arm zu eurer Zeit sich wieder zum Boden hin senkt und sich dem Boden übergibt ... ... ihr spürt nach, das Nachspüren ist mindestens so wichtig wie das ganze Üben, diese Verbundenheit mit dem, was im Nachhinein geschieht mit euch ... das Bewirkte ... ...

... wieder legen sich die Innenhände auf den Boden ... und ihr streicht jetzt so über den Boden, wandert mit euren Händen in weitem Kreis um euren Rumpf herum am Boden, streicht am Boden entlang mit euren Händen bis die Arme und Hände sich dem Kopf nähern, so wie es eben sein kann ... schaut, dass der Nacken sich nicht abknickt ... und da wo ihr landen könnt, wo ihr ankommen könnt, da bleibt ihr und wieder bleibt ihr da und durchdringt die Spannung, die sich vielleicht im Rücken aufbaut oder aufgebaut hat durch diese Lage – bleibt und durchdringt sie im Atem ... ganz weich im Atem geht ihr da rein und löst sie ab, übergebt sie dem Boden ... da ist wieder diese Phase des Atems des Durchdringens und die Phase des Ablösens ... die Phase des Atems des Durchdringens und die Phase des Ablösens von Spannung ... und wenn ihr spürt, jetzt ist es genug, dann löst ihr die Arme wieder aus diesem Ausgebreitetsein, aus der Spannung und wandert wieder am Boden entlang mit den Händen, die streichen wieder den Boden, am Boden entlang den Boden aus, berühren ihn ... und die Arme und Hände bleiben dann wieder da, wo es euch wohl ist, gut ist, wo ihr euch gut fühlen könnt, legen sich so ab wie ihr euch wohlfühlt, entweder mit dem Handrücken oder den Innenseiten ... und lasst es nachwirken ... ... der Nachatem ... es ist ja alles noch nicht beendet, auch wenn ihr in Ruhe liegt ...

... und dann zieht ihr mal eine Schulterkuppe hoch nach oben, das ergibt einen kleinen Druck des Ellbogens zum Boden in diesem Hochziehen, wandern oder hochziehen und lasst sie wieder zurücksinken oder sich senken ... die andere Schulter nach oben und wieder zurück senken, auch das ist ein Weg, und ihr beobachtet, spürt, was sich in dem Abheben, auch ein bisschen Abdrücken mit dem Ellbogen, dem Unterarm, der einen Schulter, was dadurch geschieht mit euch, und dann wieder absenken ... abgeben auf dem Boden dieser oberen

Rückenseite … dazwischen könnt ihr auch mal eine Pause machen und spüren, um es dann aber nochmal einzusetzten … immer eine Schulter, die ihr hochhebt, die Unterstützung des Ellbogens dabei, die ihr senkt … und die andere

… und dann, wenn es zu Ende gegangen ist, dann heben sich nochmal beide Arme gleichzeitig hoch zur Decke … und sie spielen so im Wechsel nach oben zur Decke hin, ziehen einmal so ein bisschen die eine Schulterseite, vielleicht auch das Schulterblatt ein bisschen vom Boden ab, senken wieder nach unten, dann ist es die andere Seite, immer dieser Arm, der nach oben strebt zur Decke hin und dieses Abziehen bewirkt – ihr gebt nach – und sich dann wieder senkt, zurücklegt, der obere Rücken, das Schulterblatt … der Atem begleitet, lasst ihn begleiten, er wird angeregt, wird geweckt und begleitet und so werden Bewegung und Atem zueinander finden … und auch das – und es ist immer so – solange es für euch gut ist … euch gefällt … und danach spielt ihr noch ein wenig mit beiden Armen in der Luft … streicht vielleicht ein wenig durch die Luft, die Luft über euch mit euren Händen … mit den Armen … berührt die Luft … … und legt Hände und Arme zu eurer Zeit wieder zurück auf den Boden, an ihren Platz … … …

… findet jetzt mit euren Fingerkuppen an den oberen Bereich eures Brustbeines … da wo die Schlüsselbeine einmünden in das Brustbein, an diesen oberen Bereich des Brustbeines … Zeigefinger und Mittelfinger sind das wahrscheinlich, und da gebt ihr einen guten, kraftvollen und doch weichen Druck in diesen Bereich des Brustbeines hinein … wartet die Antwort ab, die Antwort auf diesen Druck und löst den Druck zur rechten Zeit … da bleibt vielleicht nochmal an der gleichen Stelle der Druck, die Antwort – Fragezeichen … und das Ablösen … und dann wandert ihr ein bisschen weiter runter auf dem Brustbein, und so geht ihr das ganze Brustbein entlang, Schrittchen für Schrittchen mit euren Fingerkuppen und setzt so im rechten Winkel von oben nach unten auf das Brustbein einen Druck … ihr nehmt diesen Druck an … lauscht, was passiert … lasst euch spüren, wann ihr den Druck lösen müsst, an dieser zweiten Stelle bleibt ihr noch ein zweites Mal, um es ganz deutlich zu machen … die Nase ist immer wieder dabei in ihrer Luftigkeit … irgendwann geht ihr wieder ein Stückchen weiter, und so geht ihr euren Weg … Druck und das Ablösen … … bis ihr irgendwann an den unteren Bereich des Brustbeines ankommt, wo dann die unteren Rippen einmünden … auch da setzt ihr den Druck, sehr deutlich, er will sich wieder lösen … auch das macht ihr zwei, drei Mal, es ist ein ganz besonderer Bereich hier, um den Druck zu setzen, die Wirkung zu verspüren … … und dann streicht ihr mit breitflächigen Händen diesen ganzen Brustbeinbereich von oben nach unten warm und liebevoll, kraftvoll aus … …

… und dann wandert über das Sonnengeflecht, über den Magen, über den Nabel hinunter zum Unterbauch mit den Händen und landet am oberen Schambeinrand … und geht da mit euren Fingerkuppen in die Mitte des oberen

Schambeinrandes, Schambeinkammes, und gebt euch da einen guten, kraftvollen Druck, unter den ihr euch einlasst … und wandert da dann langsam zu den Seiten des Schambeines, lasst euch unter den drückenden Fingerkuppen ein, unter dem Druck, der sich immer wieder löst … dann auch wieder zurück zur Mitte … … und streicht danach seitlich Schambein, Unterbauch zu den Leisten hin, warm aber auch kraftvoll aus, macht euch diesen Bereich ganz bewusst und ganz deutlich …

… dann legen sich die Fingerkuppen nochmal an die Mitte des Schambeinkammes, des oberen und wandern jetzt langsam diese Mittellinie den Bauch hinauf zum Nabel und wieder Schrittchen für Schrittchen setzen sie einen Druck, den ihr nehmt, in den ihr euch einlasst … und der sich dann wieder löst … ihr spürt auch, wie stark muss er sein und wie stark darf er nicht sein … dass er etwas bewirkt in mir … und danach streicht ihr diesen ganzen Bereich von oben nach unten durch, wieder breitflächig … … Nabel, Bauch, Schambein, Leisten … …

… und dann findet ihr mit den Händen in den Mittenbereich zwischen unten und oben, zwischen Brustkorb, zwischen Brustbein, zwischen Bauch und Mitte, um das Sonnengeflecht herum … ladet euch ein, da zu sein … macht auch die Flanken bewusst zu den Seiten hin … … … und von da streicht nochmal liebevoll den Brustkorb aus, das Brustbein und die Brust, die Rippen, die Schultern, die Schlüsselbeine … …

… dann legen die Arme sich ab und die Füße stellen sich an, die Arme legen sich in die Weite, in die Breite, die Füße sind angestellt – und jetzt seid ihr ganz mit euch selbst, ihr lasst das zu, was jetzt aus euch an Bewegung auftaucht, was sein will, was kommt und geht da mit … das Spiel auf dem Boden, durch euch durch … aus euch … alles was kommt … alles was sein will … … … lasst euch spielen … durch euch durch … entdeckt euch … und immer in Beziehung zum Boden, der trägt, durch den das alles erst möglich ist … … … … solange es euch gefällt … wenn ihr irgendwann in einer Lage ankommt, die euch besonders gut gefällt, dann könnt ihr da ruhen, nachruhen, nachwirken lassen … … nicht ihr legt euch in eine ganz besonders gute Stellung, sondern auf einmal ist sie vielleicht da … … in der ihr seid … lasst euch Zeit dafür …

Protokoll Herta

Boden – Das Liegen. Innere Räume. Druck: Atem. Schultergürtel. Fernwirkungen. Sehr intensiv. Am Schluss gehen auf eigenem Platz.

Nach Pause Gespräche. Durch das Herz-Thema sehr in Richtung bestimmt. Ich muss ganz offen sein, dass alles geschehen kann, was daraus entstehen will. Viel zum Lernen. Ich bin bereit und neugierig. Ich lese am Ende Text von Peter Petersen über das Herz. Vorher stelle ich die Frage, ob sie verstehen, wieso so eine Bodenstunde zu dem Thema passen soll.

Nach Ende der Stunde blieben die meisten noch lange in Stille sitzen, das war eigentlich mein schönstes Geschenk.

Einheit 4

Genießt die Berührung eurer Hände, den Duft, das Ölige … … … … dann verstreicht ihr das Öl noch in euren Händen, streicht eure Hände aus … … … … und so gegen Ende, die Hände duften ja noch nach dem Öl, gebt ihr die Hände ein bisschen vor die Nase, vor den Augen im Abstand und lasst euch in diesem Duftraum zwischen Nase und Händen ein, durchspürt ihn – lauscht mit eurer Nase … … der Duftraum zwischen euren Händen und der Nase … solange, bis ihr euch gesättigt habt davon … … lasst euch diese Öffnung der Nase, eures ganzen Gesichtes, eures ganzen Wesens … diesen Duft … erfahren, erspüren … … gebt dem Duft Raum, das er sich ausbreiten kann … … ich sage es nochmal extra für dich A., lausche mit deiner Nase … … Duftraum zum Ausbreiten, ausweitenden Raum … immer wieder eindringend, eindringend durch die Nase nach innen … ihr lasst es einfach geschehen, spürsam, empfindsam … ja auch dankbar … manchmal brauchen wir die Hand sehr nahe an der Nase, wenn uns der Duft so ein bisschen entschwunden ist … uns noch ein bisschen nachnähren daran … der Duft verbindet das Innen und das Außen … sein Raum …

… ihr geht damit noch ein Stück weiter, es ist der Duft, den ihr einlasst und der Hauch, den ihr in diesen Duftraum hinausströmen lasst … Duft und Hauch … das Einströmende empfangen … der Hauch sich ausbreitend … in den Raum des bestehenden Duftes … immer wieder der Duft, der den Raum innen löst, weitet … das ausströmende Hauchen … in den Duftraum außen … … und die Hände sind immer mit im Spiel … die Hände, das Strömende des Duftes … Begleitung der Hände, die Stärkung durch die Hände, das Spiel der Bewegung, das Spiel der Bewegung im Atem, begleitende Hände in der Bewegung des Ein, in der Bewegung des Aus … das Spiel der Bewegung der Hände, auch der Arme deutlich wird nach außen … gestaltend … der Atem der innen und außen durchschwingt, verbindet … … spürt, was mit eurem Gesicht passiert dabei … … und alles fließt … … es ist ein Tanz … … … ihr spürt, wann es ausschwingen will … und wie es ausschwingen will … wie es sich ablöst … …

… danach streicht ihr nochmal euer Gesicht ganz liebevoll aus … spürt die Landschaft eures Gesichtes … … seid gut mit euch … … … streicht dann auch mal den Nacken, den Hinterhauptsansatz aus, greift auch in den Nacken hinein, in diesen Übergang vom Nacken zum Hinterhaupt, das Hinterhauptsloch … erspürt ihr … auch den Ohrkieferwinkel … und während ihr mit den Händen den Nacken ausstreicht von der Mitte nach außen, lasst ihr den Kopf ein wenig in die streichenden Hände sich senken und lasst dabei ein wenig eure Zunge frei und lasst sie beinahe ein bisschen aus dem Mund raushängen … ganz frei, ganz lösend in diesem Streichen des Nackens, Hinterhauptsansatz ... das lösende Streichen, das den Ausatem löst, einlädt ... ihr die Zunge im Ausatem freigebt, der Mund sich öffnet, die Zunge sich raussenkt, freigibt ... es ist nicht ein Rausstrecken, sondern es ist ein Freigeben ... ziehen mit den Händen den Nacken seitlich hoch, er senkt sich in die Hände, die Zunge löst sich, der Mund öffnet sich, die Kiefergelenke sind frei ... ... der Ausatem gibt frei ... solange es euch gut tut ... wenn es genug ist, dann lösen sich die Hände .... und danach, wenn es genug ist, dann lasst ihr Dehnen, Räkeln zu ... ich sage mit aller Absicht, ihr lasst es zu ... lasst es geschehen ... diese Frage, woher lass ich es geschehen, woher geschieht es ... und allmählich löst ihr euch daraus ... findet eure Weise, es abzulösen ... ...

... ihr stellt jetzt euren Mund, euer Gesicht ein dazu, dass ihr bald summen werdet ... euer Mund, euer Gesicht spürt schon das Summen in sich, bevor es klingt ... ihr nehmt es in euer Gesicht, euren Mund, und irgendwann fängt es an zu klingen, ihr bereitet euch vor ... ... und ihr verströmt dieses Summen in den Raum, zu dem Kreis ... ihr strömt es einfach durch euch durch nach außen ... ... durch euch durch nach außen ... ... gebt die Bewegung frei auch nach außen, gebt die Bewegung frei, es ist die Bewegung, es ist der Tanz des Atems, es ist die Bewegung – der Tanz des Körpers ... ... das Strömen, das Fließen ... ... durch euch hindurch in den Raum ... ... der Tanz des Atems, der Tanz des Körpers ... die Bewegung ... sie sind eins ... es gibt keine Trennung ... ... die Bewegung liegt auf dem Klang ... ... der Klang trägt die Bewegung ... ...

... lasst euch ein wenig hinter eure Sitzbeinhöcker gleiten, der Rücken rundet sich weich in den Hintergrund, und eure Hände sind da und schauen in den Hintergrund ... und ihr gleitet wieder zurück, die Hände lösen sich aus diesem Schauen ... es geht so im Wechsel, ihr gleitet in den Hintergrund, die Hände schauen in den Hintergrund, in den Raum des Hintergrundes ... und ihr kehrt zurück in die Aufrichtung, die Hände lösen sich wieder, legen sich zurück in den Schoß oder auf die Oberschenkel ... so geschieht es einige Male, immer wieder öffnet ihr euch, schaut mit euren Händen und eurem ganzen Spürsinn in den Hintergrund ... Raum hinter euch ... gleitet wieder zurück ... mit der Zeit wird sich der Atem dazugesellen ... diese Öffnung, diese Rundung im Rücken ... die den Einatem einlädt in den Hintergrund ... das Zurückschwingen, getragen vom Ausatemstrom ... die Aufrichtung, zurückkehren, getragen werden ... zu eurer Zeit ... immer wieder diese Freigabe des Rückens, die Rundung, Weitung ... Öffnung ... das Zurückgleiten, getragen sein ... ... ja die Rundung des Rückens, bis in den Nacken hinein ... der Kopf, der sich etwas senken lässt und wieder empor getragen wird ... ein Schauen in den Hintergrund ... alles schaut, da sind die Hände, da ist der Rücken, die Rückseite eures Körpers, da sind die Augen ... immer wieder das Empor-getragen-Werden, das Warten auf den neuen Impuls ... ... das Schauen, das Fragen ... die Hinwendung ... mein Hintergrund ... ...

wenn ihr vertraut damit seid, dann nehmt ihr es zurück, legt die Hände auf den Unterbauch … seid da eine Weile gesammelt … nehmt die Nachwirkung, die Nachschwingung da hinein … … da ist natürlich immer wieder deutlich die wache Nase, die luftige Nase … Nachschwingung auch in der Nase … … wenn ihr mögt, dann lösen sich die Hände, legen sich zum Ruhen auf die Oberschenkel oder zwischen die Oberschenkel … …

…. und jetzt schauen die Hände, vielleicht nur eine Hand, es können auch beide sein, in den Vordergrund, ihr wendet euch dem Vordergrund zu, schaut hinein, öffnet euch … schaut was euch da begegnet … … der Raum vor mir, ich schaue hinein, lausche hinein, greife hinein … ich öffne mich hinein … Vordergrund, der Raum, der vor mir liegt … … ich erspüre ihn … mach mich vertraut … ich lasse ihn in mich ein … … … ich lasse mich in ihn ein, ich lasse ihn in mich ein … … … … … … löst euch langsam daraus … doch ist er da … …

… und ihr bringt die beiden zusammen, den Hintergrund, den Vordergrund … bringt die beiden Räume, die beiden Gründe zusammen, ihr verbindet sie, ihr öffnet sie zueinander … die Hände öffnen, der Atem, der große, öffnet … eine Hand wendet sich vielleicht zum Hintergrund und eine dem Vordergrund zu … gleichzeitig … … … ein Raum entsteht … … … und allmählich gebt die Arme, die Hände frei in einen Tanz um diesen Raum … der Raum vor euch, der Raum hinter euch … … vielleicht ist Stehen gut dabei … um diesen Raum, durch diesen Raum … durch euch, um euch … Hintergrund, Vordergrund, Mitte … … die Mitte durch euch … um euch … … … lasst euch tragen, hinein in den Tanz … um euch, durch euch … Hintergrund, Vordergrund … Mitte …. zu eurer Zeit landet ihr in der Mitte … … … …

lasst euch ruhen.

Protokoll Herta

Zu Beginn nochmal Ölfläschchen herum gegeben. Duft, Duftraum, innen, außen. Viel Zeit dafür. Hände in Abstand vor Nase, Gesicht. Raum weitet sich, erfrischend, wohltuend. Hiermit habe ich einfach eine Zeitlang gespielt.

Nachdem das wirklich ausgekostet war: Gesicht, Mund stellen sich innerlich darauf ein, dass Summen sein wird. Summen durchdringt Innenraum, strömt nach außen, durchströmt Duftraum, innen und außen. Wunderbar. Bewegung, wird Tanz der Hände.

Sanft gleiten in Hintergrund. Hände schauen hinein, eröffnen ihn, geben ihm Raum. Zurückgleiten, Atem richtet auf.

Dann: Schauen in den Vordergrund. Hineingreifen. Kontakt mit ihm aufnehmen. Beide zueinander öffnen. Hände. Sie beginnen einen Tanz um das Ganze. In der Mitte, durch die Mitte, das Ich, Tanz. Alles Tanz.

Ruhen.

Gesprächsrunde sehr intensiv. Das Thema zeigt sich auf vielerlei Weise.

Ein lebendiger Kreis.

Einheit 5

[*Der Anfang fehlt.*]

Boden

Am Boden sitzend, aufgestützt auf den Händen, aus Hüftgelenken heraus Rollen der Beine nach innen, außen über Waden ... der Oberschenkelbereich, Gesäß, das sind sehr starke Kompensationsbereiche in unserem Körper, wo wir uns festhalten, und alles Festhalten irgendwo in der Muskulatur ist ein Festhalten des Atems, sofort reagiert der Atem, und so ist es umgekehrt beim Lösen, sofort reagiert der Atem und lässt wieder los ... ab und zu eine kleine Pause, mal gucken ... so richtig um die Waden herum, von außen und nach innen, nicht nur so ein bisschen, sondern von außen nach innen, so eine ganze volle Bewegung der Beine aus den Hüften heraus ... ja ... ihr spürt auch, wann brauche ich mal wieder eine Pause, um zu spüren, was hat es gemacht? ... hat es was gemacht? ... und vielleicht noch ein letztes Mal ... dann trennt ihr euch davon ... dann löst ihr die Hände vom Boden und setzt euch auf, so nach vorne ... die Hände sind auf den Beinen, streichen über die Beine entlang zu den Füßen hin ... und wie es euch gut ist, mal mehr die eine Seite, die andere, auch beide gleichzeitig, ihr spielt einfach mal in dieser Bewegung nach vorne, gebt den Rumpf frei und wärmt euch eure Zehen ... ja und auch mal dieses Streichen in die Fußsohle hinein ... diese Wölbung ... die ganzen Füße ... Fußgelenke ... dann spielt ihr euch dabei so ein bisschen mal mehr auf einer Seite mit dem Rumpf hinunter, soweit es halt sein kann zu den Beinen, mit dem Kopf ... spielt euch einfach mal über diesen Beinen noch ein wenig durch den Rumpf durch, aus dem Becken heraus, ohne jetzt zwingen zu müssen ... einfach nur freigeben ... abgeben, das Gewicht, die Schwerkraft wirken lassen, spielen ... da ist vielleicht immer noch die Hand am Fuß ... Fußgelenk ... streicht dann auch mal wieder nach oben zum Knie ... dann senkt sich der Rumpf zur anderen Seite, und so spielt ihr einfach mal so hin und her und versucht euch durch den Rücken weich durchzulassen, so gut das eben sein kann, so weich es eben sein kann, den Kopf nach unten freizugeben, den Nacken zu lösen dabei ... so ein wenig hinunter zu wippen zum Bein auf dieser Seite ... ... und aus dem Becken heraus, Kreuzbein, Becken ... noch mal die andere Seite zu eurer Zeit, die Hand unten an der Fußsohle kann euch auch helfen, euch noch ein bisschen mehr runter zu ziehen ... und der Kopf, der sich zum Bein hin senkt ...

... wenn ihr so über beiden Beinen wart, dann lasst ihr euch nochmal wieder in die Mitte, die Hände auf eurer Matte liegen in der Mitte zwischen den Beinen und da lasst euch weiter streichen und euch so mitnehmen wie das sein kann, ein bisschen räkeln auf einer Seite, der anderen Seite, das heißt, eine Hand, ein Arm, der andere Arm, der Kopf, der sinkt nach unten ... geht immer mit euren Gegebenheiten mit, zwingt euch nicht, sondern lasst es geschehen, gebt nach soweit es geht und das ist gut genug … taucht auch mal wieder auf, richtet euch wieder auf … und stützt euch nochmal hinter dem Gesäß ab, wie vorher … ja schwingt nochmal mit den Beinen über die Waden, über die Oberschenkel-Rückseiten … ganz leicht, ganz lösend, ganz befreiend … und dann möchte ich euch doch einladen, nochmal eure Oberschenkel zu spüren, ich sehe da und dort, wie festgehalten die Oberschenkel sind, und dadurch dieses Spiel gar nicht so leicht sein kann … massiert euch, greift in die Muskulatur der Oberschenkel hinein … greift sie so richtig durch, löst, wo ihr Spannung findet, Festgehaltenes … Oberschenkel oben, zu den Seiten, auch unten, überall, geht so in sie hinein … zuerst das eine Bein, dann das andere, nehmt euch Zeit dazu und sicher werdet ihr spüren, wenn ihr da und dort hineingreift, oh, das tut ja weh … und da bin ich immer so der Meinung, der Oberschenkel als solcher macht sich nicht fest, sondern wir machen uns fest … die Knie, die Kniekehlen … das kommt mir jetzt schon ein bisschen aggressiv vor da mit den Fäusten auf den Oberschenkeln – H., tut dir das gut? … ich nehme lieber die flachen Hände … (klopfen) … danach nochmal ganz weich hineingreifen, jetzt geht es schon leichter … umkreisen, umstreichen … und wenn das genug ist, dann legt ihr euch … … … …

… und wenn ihr das Gefühl habt, es geht schon ganz gut, dann greift ihr mal mit den Fingerkuppen von außen links und rechts an die Rollhügel, an diese Hüftgelenkspartie, diese runden Knochen, umkreist sie mal mit den Fingerkuppen, macht sie euch bewusst, und wenn es geschehen ist, dann lasst ihr aber die Fingerkuppen da auf den Rollhügeln und fangt an mit dem Becken ganz leicht über das Kreuzbein zu schwingen … hin und her, über das Kreuzbein … ganz leichte Bewegung, ganz lösende, befreiende Bewegung … ja, ja … über das Kreuzbein … Becken … es hat nichts mit dem Oberkörper zu tun, es ist nur da unten … spürt eure Waden dabei, spürt so das Hin und Her, ab und zu macht ihr eine Pause, mit der Zeit stellt es sich ein … macht eine Pause, spürt nach … lasst den Nachatem kommen und dann geht es wieder los, einfach hin und her zu den Seiten zwischen den Fingerkuppen … die Fingerkuppen können auch so einen kleinen Schubs geben zu den Seiten, es ist aber auch gar nicht nötig … und ihr spürt auch genau, wann ihr mal wieder eine Pause braucht … um zu spüren, weshalb mache ich das eigentlich … und nochmal … … und wenn es genug ist und die Nachschwingung kommt, dann streicht ihr euch über die Beckenkämme zu den Leisten hin … aus .. ein paar Mal über die Beckenkämme zu den Leisten … und zum Beginn der Oberschenkel, dieses Streichen ist nicht nur ein ganz leichtes Streichen, sondern ihr habt euch gut in den Händen, und ihr gebt euch auch ein bisschen Druck in diesem Streichen, so dass ihr das wirklich ganz tief einwirken lassen könnt … … und die Berührung und auch der Druck in diesem Streichen lädt den Atem ein … nicht, indem ich da hinschnaufe, sondern indem ich diese Anregung annehme … ein paar Mal und dann legen sich die Hände und die Arme ab am Boden, und wartet ab …

… … die Nase ist vielleicht schon luftig geworden, ihr spürt die kühle Luft in der Nase … das Einströmen der kühlen Luft, deutlicher durch diese Anregung damit, was eure Hände getan haben … … und jetzt nochmal im Liegen, so wie ihr jetzt liegt, bewegen sich die Beine nochmal, so in diesem Begrüßungszeremoniell sozusagen, aber diesmal im Liegen und nachdem, was ihr gerade erfahren habt im Becken, also einfach nochmal dieses Wedeln, Zehen zueinander, wieder auseinander … schon freigegebene Oberschenkel … über die Waden, die Rückseiten der Oberschenkel … ein paar Mal, solange es euch gefällt, und lasst es dann nachwirken … … noch mal, ein paar Mal, nicht oft, streichen die Hände die Beckenkämme, über die Beckenkämme zu den Leisten … kraftvoll, weich, liebevoll, das ist eine wunderbare Mischung … … und die Arme legen sich dann wieder ab, nehmen Platz zwischen Rumpf und sich selbst, zwischen den Innenarmen und Rumpf, den Seiten des Rumpfes, den Flanken … …

… ein Fuß stellt sich an … ihr spürt eure Lage, jetzt, anders als vorher, diese Veränderung verändert das Gefühl für die Auflage des Rückens auf dem Boden … und jetzt gibt dieser angestellte Fuß einen guten, aber keinen großen Druck in den Boden und hebt dadurch die Beckenseite, die Kreuzbeinseite ein ganz klein bisschen ab vom Boden … und senkt es wieder, indem der Druck nachlässt, wieder zum Boden zurück … ihr kommt da wieder an, und ihr macht es nicht gleich wieder, wartet erst mal ab … zu eurer Zeit kommt wieder der Druck, kleiner Druck, aber kraftvoll genug, dass sich nicht mehr abhebt vom Becken als gerade vorher … ein bisschen, Kreuzbein ein bisschen, Becken ein bisschen … und wieder zurück … und es ist eine sehr starke Einladung für den Atem … für die Antwort des Atems, es ruft den Atem, jeder Druck ruft den Einatem … das Lösen löst den Ausatem ab … und wieder drückt zu eurer Zeit, und ihr geht jetzt für euch selbst weiter … es wird noch ein bisschen mehr, der Druck hält noch ein bisschen länger an … hebt ein bisschen mehr von der Beckenseite ab vom Boden … und gibt nach und senkt das Becken wieder nach unten zum Boden zurück… und so geht ihr in der Entwicklung dieses Spieles einfach für euch selbst weiter, soweit ihr fühlt, ja, das tut mir gut – das darf noch mehr sein, bis ihr spürt, jetzt ist es genug und euch dann ablegt und nachruht … ich lasse euch jetzt damit alleine … ihr merkt, wie auf einmal nicht nur die Beckenseite abgezogen wird, sondern es schon ein bisschen weiter rauf in den unteren Rücken geht, immer ein bisschen mehr abgezogen wird … und wieder hinunter gesenkt wird… … und diese Einatemantwort auf dieses Abziehen mit dem Druck des Fußes auf den Boden, die spürt ihr auch ganz deutlich in der Luft in eurer Nase … oder im Einströmen der Luft durch eure Nase … das Zurückgleiten, das Abgeben, das Lösen des Ausatems im Senken … und ihr geht mit eurem Rhythmus, wenn der Rhythmus langsam ist, dann geht ihr mit dem, und wenn der Rhythmus schneller ist – euer Atemrhythmus – dann geht ihr ruhig mal mit dem … schaut, verändert sich was mit der Zeit … oder bleibt es so? … … immer wieder das Abgeben, das Zurückgleiten, das Zurückrollen … das Ankommen … vielleicht der Zwischenatem, der Nachatem … ihr habt auch inzwischen gut gespürt, wie der Fuß stehen muss, dass es möglich ist, den Druck zu setzen und zu geben … es gibt eine Lage, die ist zu weit weg vom Rumpf, da ist es schwer … es gibt eine Lage, die zu weit außen ist, da ist es schwer … es gibt einen Platz, der auch zu weit innen ist, dann ist es auch schwer … es findet sich der Platz, von dem aus die meiste Wirkung von dem Druck ausgehen kann … wenn ihr so durch euch durch gegangen seid, nehmt eure Zeit dafür … wieder ganz auf dem Boden liegt, da bleibt erst einmal … … … und lasst das angewinkelte Bein nach außen gleiten, das Knie senkt sich nach außen hin zum Boden, soweit das eben sich senkt, das ganze abgewinkelte Bein senkt sich, einfach seitlich zum Boden, in Richtung zum Boden … bleibt eine Weile so, spürt nach, gebt nach, wenn da Spannung auftaucht oder schon da ist, gebt nach, spürt was in eurem Becken geschieht dabei, so bleiben, nachgeben, nicht drücken, mehr wollen – einfach da bleiben und schauen … die Schwerkraft wirkt, die Geduld wirkt … … und ihr spürt, wann es Zeit ist zurückzukehren, das Knie wieder zu heben … dass es wieder nach oben zur Decke schauen kann … und dann lasst ihr den Fuß langsam, spürsam am Boden entlang gleiten, die Fußsohle, das Bein langsam mitnehmen und sich entfernen vom Rumpf … bis das Bein am Boden abgelegt wird, dem Boden sich übergibt, und ihr spürt nach … … und spürt auch mal so eure beiden Seiten … …

und dann stellt sich der andere Fuß an, er findet jetzt schon gleich seinen Platz ganz gut … spürt euer Becken auf dem Boden … und wieder gebt ihr – aber noch einen kleinen Druck – ihr wollt nicht unbedingt das Becken gleich ganz abheben, sondern nur so ein bisschen … ein bisschen Luft zwischen Boden und Beckenrückseite und senkt das Becken wieder hinunter … … nach einer Weile gebt ihr wieder den Druck, wieder ein bisschen nur … bisschen Luft zwischen Boden und Beckenseite, Kreuzbeinseite … und wieder das Senken … wenn ihr diesen Druck ganz ausgekostet habt und dadurch auch ausgekostet habt das Abgehobensein der Beckenseite vom Boden … und immer danach die Nachschwingung, spüre ich sie überhaupt und wo? … Nachschwingung heißt ja immer auch Nachatem … und so geht ihr jetzt ganz selbstständig in die Entwicklung dieser Bewegung, die Möglichkeit des Abziehens … immer ein bisschen weiter, der Druck wird stärker, der Druck wird vielleicht auch durch den Atem etwas länger, solange der Einatem ihn begleitet … und dann wieder abgibt, sich löst in den Ausatem hinein und senkt, das Becken sich senken lässt, die Seite sich zum Boden senken lässt … und so geht ihr weiter … der Druck, der euch nach oben schiebt, er gibt nach, ihr nehmt die Wirkung … … die Lende sich schon ganz abziehen lässt … vielleicht auch schon was vom oberen Rippenkorb, den unteren Rippen … und immer wieder dieses sanfte Absenkenlassen im Nachgeben des Druckes … … die luftige Nase … und immer wieder das Zurückgleiten, das Abrollen, bis ihr so durch euch durch gegangen seid, so diesen Weg … und dann noch eine Weile so ruhen bleibt mit dem angestellten Fuß … nachspürt, was ist geschehen, was ist jetzt noch? … und auch da fast von selbst dieses abgewinkelte Bein zur Seite gleitet, das Knie sich senkt … in der Leiste freigegeben wird, die Schwerkraft wirken darf und ihr nachgebt … … und ohne, dass ihr was wollt und macht, spürt ihr ganz sicher, dass immer noch ein bisschen, ein bisschen was geschieht … dass es nicht mit einmal getan ist, sondern langsam, langsam senkt sich das Bein noch ein bisschen mehr … nur indem ihr ganz nachgiebig seid, wach für das Geschehen … wenn es gut ist so, und ihr das Gefühl habt, ja, jetzt glaube ich, bin ich da angekommen … dann hebt ihr das Knie nicht hoch, sondern ihr gleitet am äußeren Knöchel am Boden entlang, ihr gebt ihn einfach frei in seine Bewegung … das abgewinkelte Bein, dass sich langsam wieder ausstrecken will, einfach durch diese Bewegung des Knöchels am Boden, der das Bein mitnimmt und wieder auf den Boden zurückholt, ausbreitet … …

… nochmal streichen die Hände über die Beckenkämme zu den Leisten … über die Oberschenkel ein paar Mal … … und dann legen sich die Fingerkuppen wieder an die Rollhügel, von außen im rechten Winkel … und nochmal gebt ihr euch diese Bewegung im Becken über das Kreuzbein seitlich zwischen den Fingerkuppen, zwischen den Rollhügeln, einfach nochmal dieses leichte Spiel auf dem Boden … das immer wieder auch mal aussetzt, still wird, um die Wirkung zuzulassen … so ein paar Mal, wie es für euch stimmt … und immer wenn ein Seufzer kommen will, dann darf er kommen … ein erlösender Seufzer … es muss auch nicht zu lang sein … und ihr streicht dann so ganz liebevoll um den Bauch, um den Nabel …

… legt dann die Arme ab auf den Boden … und zwar so dass die Arm- und Handrücken auf dem Boden liegen … den Boden berühren … beide Füße stellen sich an … wie liege ich? … und jetzt drücken beide Füße gleichzeitig in den Boden und heben ein bisschen, ein bisschen, das Becken hoch, das Kreuzbein ab, dass Luft zwischen Boden und Kreuzbein und rückwärtigem Becken kommt … und senken es zur rechten Zeit wieder hinunter, geben es sehr spürsam dem Boden wieder zurück … und dieser Prozess des Abgebens, dieses Zurück-gelegt-Seins, des Zurückliegens wieder … das ist wirklich ein Prozess, das ist nicht rauf und runter … und so gebt ihr euch das immer mal wieder, und mit der Zeit, so wie vorher mit dem einen Bein oder mit dem einen Fuß, geht es jetzt durch den ganzen Rücken, nicht nur durch eine Seite, sondern immer ein bisschen weiter zieht der Druck der Füße das Becken hoch, dass schon ein wenig von der Lende mitgeht, abgezogen wird und zur rechten Zeit wieder nach unten gesenkt wird … abgegeben wird und geht wirklich in diesen Prozess, in diese Entwicklung sowohl des Hochschiebens wie des Absenkens ganz hinein … des Abgehobenwerdens, des Abgezogenwerdens … gebt nach in der Lende … irgendwann kommen schon die Rippen … und immer wieder dieses sehr spürsame Absenken … bis das Kreuzbein wieder ganz dem Boden übergeben ist … und soweit es euch tragen will, soweit ihr Druck geben könnt und mögt und euch in alles, was dadurch geschieht, einlassen könnt … und immer wieder das Abrollen, Wirbel für Wirbel … zurückgeben dem Boden … … die Schultern werden vielleicht erreicht, aber nur, wenn es ganz harmonisch, ganz selbstverständlich diese Entwicklung sich gibt, das Zurückrollen, Wirbel für Wirbel abgeben, übergeben … über die Lende, das Kreuzbein …

… und wenn ihr mal wieder da unten angekommen seid und euch in der Lage – ganz aufliegen – wohl fühlt … dann öffnen sich die abgewinkelten Beine zu ihren Seiten, rechts nach rechts, links nach links, über die Seite in Richtung zum Boden … und geben nach für alles was geschehen mag … ihr gebt nach … frei im Beckenboden, in den Leisten … gut dass wir die Oberschenkel durchgeknetet haben … ganz nachgeben, bleiben, warten in Geduld euch abwarten … und während ihr so die Schwere an euch wirken lasst … öffnet mal euren Mund … löst die Zunge, den Zungengrund und lasst ganz sanft – wir haben es gestern schon einmal erlebt – ein A, ein angehauchtes A, das aber nicht klingt, das nur da hinein in eure Tiefe schwingt, lasst es entstehen … der Einatem kommt, der Mund schließt sich und wieder öffnet er sich zu diesem angehauchten A … ein paar Mal, es muss nicht lange sein, spürt selbst wie lange es für euch stimmt … und dann schließt sich der Mund und die Außenknöchel der Beine gleiten sanft und langsam am Boden entlang … legen die Beine ab zurück auf den Boden und ihr seid verbunden mit dem Nachhinein, ganz wichtig … … …

… ihr legt jetzt eure Arme überkreuzt über das Brustbein und die Hände fassen von hinten die Schultern … und bewegen so ein bisschen den Brustkorb oben im Schultergürtel, indem sie einfach hin und herziehen – die eine, die andere – und euch so ein bisschen über euren oberen Rücken rollen lassen, also einfach dieses Hin- und Herziehen, dass euch über euren oberen Rücken, Schulterblätter, Bereich zwischen den Schulterblättern … einfach ein bisschen wie ausbügelt in dem Bereich, Schulterblätter, zwischen den Schulterblättern, Boden und immer wieder mal eine Pause … und dann wieder ganz liebevoll, ganz weich nehmt ihr euch in eure Hände … und schwingt euch, rollt euch, wiegt euch eigentlich, wiegt euch über euren Rücken von Seite zu Seiten, von Schulterblatt zu Schulterblatt … und kommt wieder zur Ruhe, lasst es nachwirken … und vielleicht dann noch so ein letztes Mal … … und die Arme lösen sich dann wieder, legen sich da hin, wo sie jetzt hinfinden, wo sie sich hinlegen wollen, lasst euch einfach mal überraschen, wo wollen sie eigentlich liegen jetzt … … Nachatem …

… und ihr rollt jetzt den Kopf über das Hinterhaupt am Boden entlang auf eine Seite und dann am Boden entlang zur anderen Seite … rollt so hin und her … lasst dabei nochmal in eurer Empfindung den Bereich Schulterblätter, zwischen den Schulterblättern auftauchen und in eurer Empfindung den Bereich Kreuzbein, rückwärtige Beckenschaufeln … die sind beide nochmal in der Empfindung bei diesem Rollen des Kopfes von Seite zu Seite … geht in der Empfindung durch, durch den Schultergürtel, Rückseite und die Beckenrückseite … sie sind auf jeden Fall betroffen durch das, was da oben geschieht … und auch das solange es euch gefällt … und wenn es genug ist, ruht der Kopf noch in der Mitte … ihr lasst euch vom Atem ganz durchschwingen, vom Nachatem … er schwingt durch euch durch, indem ihr ganz bewusst seid und es zulasst … …

… und dann seid frei, euch aus der Lage zu lösen und noch ein wenig mit euch selbst zu spielen, was noch sein möchte vielleicht, garnicht was ihr denkt, was sein möchte, sondern was kommt, was sich zeigt … … ach ja, und in diesem euch Seinlassen, schaut doch mal, ob ihr euch ein Liedchen singt … … … … … … … … …. … … … … … … … …

Protokoll Herta

Boden. Alles für Beckenfreiheit. Sehr gelungen. Am Schluss, große Gelöstheit war im Raum, lud ich ein: Singt ein Liedchen. Das wurde wirklich unglaublich schön. Ganz frei, ineinander. So viele Menschen in ihrem Eigenem und alles klingt wie eine „Symphonie“ zusammen.
Gespräche sehr lebendig. Fast nur über das Singen.

Einheit 6

Es beginnt so ein kleines, sanftes Schwingen … entwickelt sich, beginnt ganz klein, aus der Stille heraus … … … … ihr seid in jeder Phase dieser sanften Schwingung anwesend, spürsam … es ist so ein Gespräch mit euch selbst, Frage an euch … wo bin ich? … … durchlässig … es meint euch ganz, von den Zehen bis zum Kopf … die Luft in der Nase … … der tragende, Halt gebende, durchschwingende Atem … … und die Bewegung fängt den Atem ein, und der Atem trägt die Bewegung … gibt der Bewegung Halt … und gibt ihr auch Gehalt … … es schwingt allmählich aus

… … gebt euch ein kleines Zwischenspiel zwischen Kopf und Nacken, lösend, befreiend, zwischen Kopf und Schultergürtel, dem Nacken … … … und dann seid frei, euch so zu bewegen, wie ihr euch bewegen wollt …. wozu es euch drängt … … … … … … … …

... ich gebe euch nochmal das Öl zu eurer Erfrischung ... nochmal so ganz in diesen Duft ... ... Nasenlöcher, überall wo es sein möchte und es reicht ... ... die Hände, der Duft, das Öl ... Hand in Hand, spürt ... immer wieder mal an der Nase und es abgeben an das Umfeld ... der Duft ... an das Umfeld abgeben mit den Händen, der Duftraum entsteht ... immer wieder zu euch selbst hin ... dann auch wieder verschenken, den Duft in den Raum um euch, die Menschen um euch ... immer wieder zu euch selbst ... ein Duftkreis ... und der Raum zwischen uns, innerhalb, außerhalb ... ... alles ineinander ... zueinander ... das Empfangen und das Geben ... der Duft, die Luft, der Atem ... und das Durchdringende, das Verbindende ... ... und alles ist mein Raum ... ... ich schenke und empfange, bin verbunden ... begegne ... ... begegne ... der Duftkreis, der Luftkreis, der Atemkreis ... ... mein Kreis ... ... dann kehrt ihr nochmal so ganz zu euch zurück, zur Nase, zu den Händen, zum Gesicht ... ...

... eine Hand liegt vor euch in der Luft ... sie weitet sich, und sie löst sich, und ihr geht mit ... da ist dieses Weitwerden der Hand, weit werden, öffnen, lösen, und ihr geht da hinein in eure Hand, ihr geht mit, mit der Hand, die sich weitet, die sich öffnet ... und sich wieder löst, zurückkehrt ... zur rechten Zeit wieder sich öffnet, sich weitet ... und wieder löst ... ja und dieses Sich-Weiten, sie strebt in den Raum hinein, sich dann wieder zu lösen, zurückzukehren zu euch ... ... und auch dieses vielleicht spüren: ich bin meine Hand ... und irgendwann dreht sich die Hand einfach im Handgelenk um ... es ist immer noch das Gleiche, die Hand weitet sich, strebt in diesem Sich-Weiten in den Raum und löst sich ... ich weite mich in der Hand, strebe in den Raum, löse mich wieder zurück ... ... dann, zu meiner Zeit, lasse ich die Hand ruhen auf meinem Oberschenkel, spüre, was war, was ist geschehen ... ... und da ist dann die andere Hand, bereitet sich vor, sich in die Luft zu legen, vor euch ... das Spiel beginnt dann auf dieser Seite ... ... ich weite und löse, ich weite meine Hand, ich weite mich und löse mich ... ... ich spüre mehr und mehr die Antwort im Inneren auf dieses Weiten, diesem Angebot der Hand, die Hand weite ich, die Hand löse ich ... ... gebt ihr Raum, löse ihn wieder ab ... lasst geschehen, was geschieht ... und dann irgendwann dreht sich die Hand im Handgelenk um, und die Hand öffnet sich nach außen, weitend ... und löst wieder ab ... ihr spürt die Luft in eurer Nase dabei ... ihr spürt die Antwort im Inneren ... ... dann dreht sich die Hand vielleicht wieder im Handgelenk ... ... und zu eurer Zeit legt sie sich wieder ab ... ... die Hände streichen sich dann aus gegenseitig ... ...

... und dann liegen sie beide in der Luft, vor euch, und es ist das Gleiche ... das Weitwerden und das Lösen ... und auch zwischendrin das Drehen in den Handgelenken ... die Innenhände, die nach außen schauen ... weit werden, lösen ... in die Lösung zurückkehren können, die Drehung in den Handgelenken, in diesem Spiel – mal so, mal so ... und ihr seid immer so ganz in euren

Händen … seid eure Hände … öffnen … und lösen … … lasst euch vom Atem tragen, vom Atem in diese Bewegung … mal so, mal so, immer in der Verbindung mit dem Atem … … das Weitwerden und das Lösen … … … und allmählich schwingt es aus, löst euch daraus, auch das Lösen von diesem Spiel geschieht in großer Achtsamkeit … … immer verbunden mit euch selbst … … … streicht euren Bauch aus … … von diesem Ausstreichen des Bauches lösen sich dann die Hände, legen sich ab, auf oder zwischen die Oberschenkel …

… und ihr lasst euch ein in ein Kreisen des Rumpfes … spürt die kreisende Bewegung in der Berührung eures Gesäßes auf dem Hocker … spürt eure Sitzbeinhöcker, umkreist außen um die Sitzbeinhöcker herum … … … die Füße auf dem Boden, ihr spürt sie … … der Atem füllt den Kreis, der Atem begleitet den Kreis, da ist der innere Kreis, der äußere Kreis … … … eure Zeit, euer Maß … irgendwann schwingt es aus … und ihr spürt sehr gut dieses Ausschwingen, es hört nicht einfach auf, sondern es schwingt aus … … … die Hände legen sich dann auf eure Mitte, da wo ihr Mitte spürt … wo ist jetzt Mitte … … … und lösen sich dann auch wieder …

… ihr formt mit dem Mund ein O und lasst den Atem durch diesen geformten O-Mund ausströmen … erst mal ohne Klang … O-Atem stumm und wenn es dann ganz deutlich, in euch bewusst geworden ist, dann lasst ihr das O klingen … … … … … seid frei in den Händen, seid frei in den Armen … … … … seid frei! … … … … … … … …

lasst euch ruhen.

Protokoll Herta

Zartestes, kleines Schwingen.
Nochmal Ölfläschchen. Duft, Luft, Raum. Gesicht – Hände. Wieder etwas anders als gestern. Der Duft der Hände. Ich empfange, und ich verschenke. War sehr gut. Eine Hand vor mir. Weitet sich, löst sich. Strebt in den Raum. Die andere. Auch immer mal im Gelenk drehen. Nach außen die Innenhand. Raum öffnen, innen und außen.
Irgendwann kam es zum Dehnen und Räkeln. Ich weiß nicht mehr. Ich habe es völlig kommen lassen, wie es sich zeigt. Und es schien mir völlig richtig.

Einheit 7/8 nachmittags

Ich möchte mit der Stimme anfangen … zupft euch doch mal an euren Wangen … die Lippen … streicht euch auch liebevoll um den Hals, um die Kehle … das Kinn … das Kinn runter zum Hals … nochmal auch wieder dieses Streichen um den Nacken … das gebt euch, wenn ihr alleine seid, immer wieder mal … das ist so befreiend für den Kopf … und auch in diesem Streichen des Hinterhauptes die Freigabe des Mundes, Freigabe der Zunge … das Auftauchen des Gähnens … so ein bisschen kreisen um die Wangen herum … Kiefergelenke … spüren, wo wir oft so fest sind … und danach zieht sich immer mal eine Schulter hoch, ihr habt das gestern schon mal erlebt … gerade um mit der Stimme umzugehen, ist es schön, sich in diesem ganzen Bereich zu befreien … Spannungen im Schulterbereich abzuladen, abzugeben … … ja, und wie von selbst kommen irgendwann die Arme in eine Schwingung … … und ein bisschen ein Sich-Ausbreiten der Arme in der Luft … … und immer wieder die Kehle, die Zunge, der Zungengrund … streckt sie doch einfach einmal raus die Zunge … bäh …. bäh … bäh … und danach streicht ihr euch aus, da wo es euch hinzieht … …

… spürt mal eure Lippen aneinander, so dass sie anfangen ein weiches W zu formen, dem ihr den weichen Widerstand eurer Lippen entgegensetzt … … W W … ganz lang zwischen diesen beiden W-Lippen … es erinnert ja ein bisschen an einen Hund, der anfangen will zu bellen … der das noch ein bisschen kräftigen muss, dass es lauter wird … … W W … mal zwischendrin eine Pause, wirken lassen und dann nochmal einsetzen zu eurer Zeit, lasst euch ein bisschen Zwischenpause … und spüren, was macht das denn, wozu denn eigentlich … und dann in diesem Aneinanderliegen der Lippen für das W, geht ihr, während die Lippen aneinander sind und der Klang noch nicht heraus ist, lasst ihr euch so ein ganz klein bisschen hinter eure Sitzbeinhöcker gleiten, so dass mehr Rücken da ist … also so dieses W … so dass der Ton aus dem Rücken, beinahe aus dem unteren Rücken herausströmen kann … also diese Kraft aus dem Rücken dazunehmen … aus dem unteren Rücken … W W W … unterer Rücken, Beckenboden … W … das Zusammenlegen der Lippen, das Durch-den-Widerstand-Gehen, bis ihr spürt, da ist der untere Rücken, da ist der Beckenboden angesprochen … und der Klang dieses W kommt aus der Tiefe des unteren Rückens und aus dem Beckenboden … W W … aus der Tiefe, aus der Tiefe des unteren Rückens, aus dem Beckenboden … W W … … … und das nehmt ihr jetzt dazu … ihr legt eure Hände an die Beckenkämme, Daumen nach hinten, Zeigefinger nach vorne, während die Hände streichen über die Beckenkämme von hinten nach vorne, neigt sich das Becken ein bisschen zurück … noch während ihr zurückgleitet, ist schon das W … es bereitet sich im Zurückgleiten vor … in dieser Kraft des Rückens wird es lauter … die Lippen weich aufeinander, kraftvoll … wie Hunde das machen … W … wie geht es denn?

… streicht euren Bauch aus und vom Bauch über die Beckenkämme hinter zum Kreuzbein … diesen ganzen Bereich … auch die Gesäßmuskulatur … … … jetzt übergebt ihr eurem Ausatem ein SCH … ein SCH … … legt dabei mal eine Hand auf den Unterbauch und die andere gebt frei … …. SCH … und immer Raum, Zeit für den Einatem, dem nachfließenden Atem … SCH … gebt euch dann mal eine Pause … spürt nach … und dann geht es noch mal weiter mit dem SCH, und zwar ist es jetzt viel kürzer, so in Staccato-Form ... SCH SCH SCH... und nochmal eine Hand am Unterbauch und eine Hand ist frei ... und sie macht nicht was für sich alleine, die Hand, die frei ist, sondern sie lässt sich anregen ... ... sie lässt sich mitnehmen in den Strom ... und ab und zu lasst nochmal ein ganz langgezogenes SCH auftauchen ... ... wenn es zu Ende gehen will, dann lasst es zu Ende gehen, aber spürt noch ein bisschen der Nachschwingung nach mit euren freien in der Luft hängenden Armen und Händen ... dieser Nachschwingung, diesem SCH und dem SCH SCH SCH, spürt noch ein bisschen nach, seid noch in dieser Bewegung ... es kann auch noch mal kurz auftauchen ... ein kleines Nachspüren, was war es denn eigentlich? ... habe ich es schon ganz ausgekostet? ... SCH ... SCH SCH SCH das kurze, das langgezogene ... ein Nachspüren, ein Nachlauschen ... ... spielt, spielt damit ... bringt es in Verbindung mit dem Atem, der Bewegung, die aus dem Atem entsteht ... ... und auf einmal taucht alles aus sich auf, verändert sich ... mal zarter, mal kraftvoller ... den Beckenboden nicht vergessen ... ... ja vielleicht noch mal die Hände auf dem Bauch ... nachspüren ... Bauch .. Unterbauch ... Oberschenkel ...

... wir gehen weiter durch eine Anzahl von Konsonanten, die sich einer aus dem anderen entwickeln und einer den anderen folgerichtig ablösen kann ... und wir landen jetzt mal als nächstes bei dem P ... P P ... vielleicht auch eine Zeit lang eine Hand auf dem Bauch und eine Hand in der Luft, um zu spüren woher kommt das P, wohin geht es ... einige Male hintereinander ... und wo Pause sein muss, ist Pause, Verschnaufpause ... die Hand, die eine, die lauscht nochmal auf dem Leib nach, woher kam das denn eigentlich, wo hat es seinen Ausgangspunkt gehabt ... es kann dann mal ganz leise ansetzen, dass es noch deutlicher wird ... bevor es hinausgeht, noch mal leise ... und dann darf es wieder in den Raum P P ... ... bis beide Hände frei sein wollen und sich von diesem P mitnehmen lassen in die P-Dynamik ... vergesst den Beckenboden nicht ... ... eure Zeit, euer Maß, achtsam mit euch ... die Hände wahren immer noch ein wenig diesen Ausgangsbereich des P ...

... und da taucht ein T auf, und ihr seid sehr spürsam, wo sitzt das denn ... T T ... was macht das denn mit mir ... die Hand spürt auf dem Leib, die andere Hand ist frei und greift die Dynamik auf ... ... wo Pause sein muss, ist Pause ... ... das Nachschwingen, der Nachatem, der Zwischenatem vielleicht ... bevor wir noch mal weitermachen ... wo schwingt es jetzt in mir nach ... ... das Lauschen, wo war die Wirkung ... warum mache ich das ... wo es so sein mag, dass die Hände in den Bereich der Nachwirkung lauschen, befreien in der Luft ... wenn es so auftaucht aus euch, und das kann erst danach kommen ... in der Nachschwingung ... wo schwingt es in euch nach ... wie schwingt es in euch nach ... es kann auch noch mal auftauchen, T, um es nochmal deutlich zu machen ... wo schwingt es nach ... wo wirkt es ... spürt der Schwingung nach, wo, wie überhaupt ... ... vielleicht setzt es nochmal an, die Hände sind jetzt beide frei ... T T ... ... danach lasst nochmal das P auftauchen ... ... die Wirkung auf die Hände durch die Dynamik ... ... es ist schon genug ... ein paarmal nach einer kleinen Pause nochmal das T, die Wirkung der Dynamik ... ... T T ... und langsam löst ihr es ab, streicht euch aus, wo es euch hinzieht ... berührt euch ... eure Leibwände ... ...

... und da kommt noch ein letzter dazugehörender Konsonant, das ist das K ... K ... alles was daraus entsteht aus diesem K ... die Bewegung, die Dynamik aus der Bewegung ... der Ansatz, wo setzt es denn an, dass es ein K werden kann ... ... dann mal eine Pause, nachspüren, vielleicht an den Leibwänden nachspüren mit den Händen ... ... woher kam es, wohin hat es gewirkt ... beides ... irgendwann beginnt es noch einmal so im Nachhinein, ein Nachschauen, nochmal kurz nachklingen lassen ... wo, was war das ... K nochmal hinschauen ... ist es immer noch so, wie es war oder hat sich durch das Nachspüren was verändert ... K K ... ... dann nochmal ein Ausstreichen ... berühren ... die Nacherfahrung in dieser Weise ...

... und dabei kommt ihr zum Stehen ... und die Arme beginnen zu schwingen um den Rumpf, und spürt euren Stand auf dem Boden ... ... der Mund gelöst ... die Augen sind gelöst ... die Zunge, der Zungengrund ... ... solange es euch gefällt ... ... und zum Schluss klopft ihr euch euer Gesäß aus ... nachher weitet sich das aus ... Brustkorb ... ... es weitet sich aus ... wunderbar! ...

Boden

... ich glaube jetzt ist Zeit sich hinzulegen ... und lasst euch spüren, wie ihr liegt ... ... lasst euch spüren, wie ihr liegt ... ... die Füße ziehen sich ab und zu zu den Beinen im rechten Winkel hoch ... die Füße kommen in ihre Dehnung, und ihr löst euch daraus wieder ... ... die Dehnung löst sich wieder ... der Druck und die Dehnung ... löst es wieder ... das muss nicht mit jedem Atemzug so sein, sondern zwischendurch mal eine Pause, nachspüren ... dieses Nachhinein im Üben, das ist genauso wichtig wie das Üben selbst ... das ist ein wichtiger Teil der Übung ... ... und irgendwann dehnt sich mal der Vorderfuß durch ... Fußrücken, Zehen ... dehnen sich und lösen sich wieder, und ihr spürt, wie anders das ist ... und immer die Annahme im Atem ... da ist das Angebot, die Dehnung in den Zehen, im Vorderfuß und das Lösen und zwischendrin mal wieder die Ferse ... die Zehen, die sich hochziehen, die Ferse, die in die Dehnung kommt ... ...

... die Arme legen sich jetzt abgewinkelt, so dass die Hände auf dem Brustkorb zu liegen kommen ... und die Oberarme liegen relativ nah am Rumpf ... und dann heben sich die abgewinkelten Arme immer mal wieder ein bisschen hoch, versetzen ihren Platz, steigen etwas näher in Richtung Kopf ... senken sich wieder zum Boden zurück ... und so gehen sie immer wieder ein Stückchen weiter, es kommt dann so, dass nur mehr die Finger, Fingerkuppen auf dem Brustbein liegen ... und immer wieder mal das Emporsteigen der Ellbogen und wieder achtsam senken auf einen neuen Platz ... ... landen auf dem Platz, warten bis der Impuls kommt wieder hochzusteigen und wieder weiter zu gehen ... soweit es uns eben möglich wird ... und immer zwischendrin mal Zeit lassen, sich auswirken lassen, das was wir tun ... es sich auswirken lassen ... und immer wieder auch bleiben, da wo wir gelandet sind, da dran bleiben, um ganz landen zu können vielleicht ... nachgiebig ... wo auch immer die Nachgiebigkeit sein muss ... vielleicht noch ein Stückchen weiter ... die Finger werden einfach mitgezogen, manchmal kommen sie bis zu den Schulterkuppen ... wenn ihr da seid, und ihr meint, jetzt ist es schon eigentlich genug, dann bleibt ihr bitte einfach eine Weile ... auch wenn da vielleicht Spannung ist, lasst ihr die Spannung einfach sein ... gebt sie an den Boden ab, gebt nach und wartet bis es weniger wird ... und spürt auch, wo überall muss ich denn da nachgeben ... ist es nur da oben, wo die Spannung ist, wo muss ich überall nachgeben ... oder wo kann ich nachgeben ... und wieder hat jede/r von euch die eigene Zeit dafür, und den gleichen Weg geht ihr dann wieder zurück, auch immer wieder im Emporsteigen der Ellbogen, der Arme und wieder senken ... wieder ein Schrittchen weiter nach unten ... aber immer wieder das Emporsteigen ... und während ihr noch auf diesem Weg seid, versucht ihr einfach mal auftauchen zu lassen, in welcher Beziehung könnte denn das stehen zu dem, was wir vorher gemacht haben ... auf dem Hocker ... ... bis ihr wieder unten gelandet seid, und die Hände vielleicht ein wenig über die Vorderseite streichen und sich da hinlegen, wo sie jetzt liegen wollen ... im Nachhinein, wo es für euch stimmt ... und euch zu spüren ... ... ihr seid so im Gespräch noch mit euch selbst ... mit den Händen, fragt noch mal nach, was war denn eigentlich ... und bleibt da nochmal mit den Händen, wo ihr euch jetzt am wesentlichsten spürt ...

... und die Hände bleiben da liegen, wenn ihr jetzt die Füße aufstellt, beide ... ... euch spürt wie ihr jetzt liegt, wie anders als vorher ... vielleicht auch eine Reaktion im Inneren, im Atem ... auf diese neue Lage, einfach mal schauen ... kann es sein ... und ihr gebt euch so ein kleines Wiegespiel zwischen Kreuzbein, Lende, unterer Rücken, und wieder zurück, Lende, Kreuzbein ... dieses Stück Weg, das ihr auf dem Boden geht ... Kreuzbein über die Lende, unterer Rücken zurück über die Lende, Kreuzbein ... und so wiegt ihr euch hinauf und hinunter, hin und her ... eine Weile, spürsam, spürsam auch zur Unterlage, zum Boden ... und ganz weich durch die Wiege durchgehen ... immer wieder die Lende zum Kreuzbein und wieder zurück zum unteren Rücken ... und so lasst ihr den Atem mitkommen, da wo ihr seid, wo ihr hingewendet seid in eurer Achtsamkeit, dahin folgt euch der Atem, wenn ihr ihn lasst ... und diese Wiege, dieses Abrollen hinauf und hinunter, je mehr ihr euch dem übergeben könnt, desto breiter wird es ... nehmt die ganze Breite ... und immer ist der Atem dabei ... und nicht in der Frage wie muss er sein, sondern er ist dabei, und wir werden schon erfahren, wie er ist ... und es wird immer breiter, immer übergebener ... bis ihr mal wieder in Ruhe seid, ganz auf der Lende liegt, die Lende wieder ganz übergeben ist dem Boden ...

... und ihr dann ganz leicht die Knie zur Seite wedeln lasst, zur einen Seite, beide, zur anderen Seite, so ein kleines Bewegungsspiel ... nicht viel, es muss nicht sehr weit runter ... einfach nur so ein Hin und Her, und spürt euch zum Boden hin ... spürt, was geschieht jetzt mit diesem Bereich durch den ich mich gerade durchgewiegt habe ... mit der Zeit wird es sowieso etwas tiefer gehen, die Beine werden tiefer wollen, das heißt, es wird mehr Freigabe sein ... vom unteren Rücken, vom Becken her ... und so schwingt ihr über diesen breiten Wiegenbereich seitlich hin und her ... ... ihr lasst euch mehr schwingen als ihr schwingt ... ... und ihr spürt auch ganz genau, so ist es mir gut, so ist es mir angenehm ... oder so ist es mir zu wenig und so ist es mir zu viel ... und immer wieder dieser Wiegebereich und irgendwann holt euch die Schwere noch tiefer hinunter, ihr gebt ihr noch mehr nach ... bis ihr auf einmal noch viel tiefer den Weg in Richtung Boden geht, es geschieht mehr, ihr gebt einfach nach, die Schwere holt euch hinunter ... und ihr bleibt da eine Weile, bis ihr von selbst wieder zurückkehren wollt, wieder über diesen Wiegebereich Kreuzbein, Lende, unterer Rücken ... und die Beine, die Knie sich zur anderen Seite einfach von der Schwere holen lassen ... nachgeben zum Boden hin, sich senken lassen und da mal bleiben ... wenn ihr euch so übergebt, euch einfach der Schwere abgebt, der Schwere hingebt ... und da ist der Atem immer dabei ... und ihr spürt, wann es Zeit ist zurückzukehren wieder zur Mitte ... Fußsohlen, die auf einmal wieder ganz auf dem Boden liegen, ihr noch einmal ganz die Auflage auf dem Wiegebereich spürt ... Kreuzbein, Lende, untere Rippen und euch nochmal zu der einen Seite senkt, abgebt, die Schwere euch holt ... ihr sie genießt ... und vielleicht auch spürt, warum wir uns vorher das Gesäß geklopft haben ... ... zu eurer Zeit wieder zurück, die Knie emporhebt ... wieder in der Wiege seid und zur anderen Seite sinken lasst ... den Atem empfangt in dieser Weise, den Atem freigebt, wo Dehnung ist, ist Atem eingeladen ... und zu eurer Zeit geht ihr wieder zurück in eure Wiege, Rückenwiege und bleibt da noch ein bisschen, spürt nach ... ...

... und jetzt hängt sich ein Bein über den anderen Oberschenkel, das Knie hängt sich da hinein ... Kniekehle ... und die beiden übereinander hängenden Beine senken sich zur Seite ... wieder holt sie die Schwere ... die Arme sind im Abstand zum Rumpf ... dass ihr frei seid in den Seiten, in den Flanken ... frei bis in die Achselhöhle hinein ... Achselhöhle der Gegenseite ... die Achselhöhle ist frei, die Flanke, die Seite ... bis es Zeit ist zurückzugleiten ... wieder in den Bereich der Wiege ... ... euch erst einmal in der Wiege ankommen zu lassen … … und dann zur anderen Seite euch senken zu lassen … es ist anders, mal schauen, wie es da ist … die Schwere, die Dehnung, die Seite, die Achselhöhle … der Atem … solange es für euch stimmt und ihr wieder zurückgleiten wollt in eure Wiege … und auch erst einmal in dieser Wiege bleibt … … und dann schenkt ihr euch dieses Spiel noch einmal … und gebt euch dem ganz hin, öffnet euch, lasst es euch geschehen … seid ganz bereit für das, was es bewirken will … und irgendwann wieder das Zurückkehren in diese Wiege … … vielleicht in der Wiege auch so ein bisschen hin und her schwingen … von Seite zu Seite durch die Mitte der Wirbelsäule so ein kleines, seitliches Wiegen … ja … und dann wieder das Sinken zur anderen Seite … das Nachgeben … und das Sich-dem-Hingeben … … sich gegen nichts wehren … … eure Zeit … … wenn ihr wieder in der Mitte gelandet seid, trennen sich die Beine voneinander, die Füße stehen noch so in einem Abstand, die Arme liegen noch so, frei … und ihr seid einfach dem Boden hingegeben … … und ihr spürt, dass Raum ist über euch … … … seid jetzt frei und ruht nach in einer Lage, die euch jetzt wohl tut …

Protokoll Herta

Hocker. Konsonanten. W W W aus dem Hintergrund, Beckenboden. Nochmal, aber dazu Beckenkämme ausstreichen. Große Dynamik. Hände?
SCH Eine Hand hält Bauch. Spürt. Die andere begleitet den SCH-Strom
P wieder wie vorher. Dynamik. Woher kommt es, wie wirkt es?
T Immer auch nachwirken lassen. Die Schwingung im Nachhinein nochmal empfangen und vielleicht gestalten. K.

Boden

Sehr gute Stunde. Rückenlage. Die war sehr eindrucksvoll. Selten lag ich von Anfang an so gut und abgegeben auf dem Boden.
Beide Füße angestellt. Wiegen im unteren Rücken zum Kreuzbein, Lende, untere Rippen, durch sie durch bewegen, ganz anschmiegsam. Boden.
Danach seitlich über die Wiege schwingen, ausweiten in dieser Rückengegend Kreuzbein, Lende, untere Rippen.
Da weiter. Die Knie senken sich seitlich zum Boden, d.h. zuerst schwingen zu mir, ein wenig links und rechts, bis dann die Schwere mehr wirkt.
Beine übereinander eingehängt, wieder seitlich senken zum Boden. Wenn das abgelöst ist, ruhen auf dem Rücken. Ganz so bleiben, wie es sich eingestellt hat. Das war unglaublich schön, alle lagen völlig entspannt und hingegeben auf dem Boden.
Viel früher, Arme abgewinkelt, Hände auf Brust. Ellbogen steigen hoch und legen die Arme auf meinen Platz, kopfwärts. Und wieder runter.
Gespräche

Sie werden immer vertrauter, persönlicher, menschlicher, offener, schöner. Auch immer wieder viel Fröhliches, doch auch Schweres wird gesagt. Sie kommen an ihr Innerstes. Ich bin so dankbar, darum geht es.

Einheit 9

Ein wunderschöner Morgen – ich wünsche uns einen guten Tag

Das Thema zum Beginn ist heute Morgen Himmel und Erde ... Himmel und Erde ... seid frei in der Gestaltung ... Himmel **und** Erde ... ... ich zwischen Himmel und Erde ... ... ich zwischen Himmel und Erde ... ... die Füße und die Hände ... ... ich zwischen Himmel und Erde ... ... ich zwischen, zwischen ... ... ich zwischen Himmel und Erde ... ... ich zwischen Himmel und Erde ... ... ich zwischen Himmel und Erde ... ... ich bin ... ... ich in meiner Mitte .... zwischen ... ... allmählich nehmt ihr es zurück ... ...

Da ist das ICH und da ist das DU ... ihr seid zu zweit, so wie ihr nebeneinander sitzt, und ihr steht und fragt über den Rücken mit euren Händen, in der Berührung des Rückens der Vorderfrau, des Vordermannes nach diesem DU ... ...

Protokoll Herta

Stille. Himmel und Erde. Zwischen. Ich zwischen Himmel und Erde. Ich. Ein langer, interessanter Weg. Tief, berührend. Mitte!
Zweier-Situation. Stehen. Frage an Rücken, vom Rücken her. Berühren, lauschen, schauen, begegnen. Ich und Du zwischen Himmel und Erde. (Da kommt sofort eine andere Anwesenheit, eine andere Begegnungsebene, wie eine andere Verantwortung.) Gespräch darüber zu zweit.
Danach Rückengespräch, am Boden sitzend Rücken an Rücken. Wie viel sich da zeigt!
Pause.
Gesprächskreis. Wie viele sich zeigen. Es ist ein sehr besonderes Seminar, ein wunderbarer Kreis. Es geht nur ums Mensch-Sein. Ich bin voller Dankbarkeit

Einheit 10

Ihr legt euch, gebt euch dem Boden ab und findet dann aus diesem euch dem Boden Übergeben in euer Spiel der Bewegung ... lasst erst einmal einfach kommen, was aus euch entsteht – wir haben es ja schon einmal am Ende einer Stunde erlebt und jetzt fangt ihr so an … … … … ja, und wie von selbst, das ist wunderbar, kommt so ein bisschen Brummen und Summen … … … …

… irgendwann stellt sich mal ein Fuß an und drückt euch in die Seitenlage … die Arme sind dann nach oben gerichtet, einer unter dem Kopf, einer über dem Kopf und ihr liegt dann ganz auf eurer Seite … die Beine liegen übereinander, sind ausgestreckt … und ihr spielt so ein wenig, lasst euch ein bisschen nach vorn gleiten und ein bisschen nach rückwärts gleiten … und spielt so in dieses kleine Pendelspiel, nach vorn und nach rückwärts … die Beine liegen ausgestreckt übereinander … ihr gleitet nach vorn und nach rückwärts … wo ist der Halt, dass wir nicht nach rückwärts plumpsen, nach vorne … wo ist der Halt? …

… irgendwann lasst ihr euch einfach nach vorne, auf die Vorderseite plumpsen … ja, übergebt euch so dann auf die Vorderseite … … und gebt euch so mal dem Boden ab … die Arme sind frei … und dann schwingt ihr so ein wenig mit dem Becken zu den Seiten, ganz leicht, schwingt … ja, ein kleines Spiel im Becken, Befreiung zwischen oberem Rücken und unterem Rücken, ab und zu macht ihr eine Pause dann … schaut, was geschieht, was ist geschehen? … ja, achtet auch darauf, kann ich auf dem Boden so liegen oder ist es für mich schwer aus dem und dem Grund, geht gut mit euch um, sucht euch eine gute Lösung … immer wieder so ein kleines Schwingspiel, seitlich im Becken, ja, diese Befreiung in die Lende hinein, zwischen Becken und Brustkorb … Freigabe, Lösung von Spannungen … …

… und dann winkelt ihr die Beine ab in den Knien, Unterschenkel und Füße schauen in die Luft … und ihr spielt mit ihnen … die Füße bewegen sich, lassen sich bewegen … schaut auch mal, ob die Oberschenkel sehr, sehr nah aneinander liegen, dann gebt ihr ein bisschen mehr Platz dazwischen, so dass ihr wirklich Bewegungsfreiheit habt … ja … … und dann legen sich die Beine wieder ab … … und dann steigen sie noch mal wieder auf in die Luft, und ab und zu hebt sich ein Oberschenkel ab vom Boden … und senkt sich dann wieder hinunter … die Füße, die bleiben oben in der Luft … abheben so wie ihr seid und wieder runter legen … spürt, was passiert da mit mir, was geschieht denn da? … solange es euch gefällt … das Bein wieder abgeben … … … legt die Beine dann wieder ab an den Boden, die Füße …

… legt die Hände seitlich neben die Schultern und stützt euch so ab … und ihr drückt euch ab und zu mal vom Boden ab, den Oberkörper … drückt ihn in die Höhe und senkt ihn wieder runter und legt den Kopf dann auf die andere Seite … die Unterarme legen sich auch wieder auf den Boden, so dass ihr nicht in Spannung kommt, bleibt eine Weile so und dann geht es wieder los, dann hebt ihr euch wieder empor … spürt die Dehnung durch den Rücken … dreht den Kopf und legt ihn auf die andere Seite … das macht ihr so ein paar Mal … … drückt euch hoch, der Rücken, der sich dehnt und wieder zurück … Kopf auf die andere Seite abgeben … einige Male, solange es euch gut tut … und ladet den Atem ein, dieses Spiel der Bewegung mitzugehen, das Hochdrücken, da ist der Druck und da ist die Dehnung im Rücken, also immer Einladung für den Einatem … und das Senken im Ausatem … geht mit euren Möglichkeiten, ohne Ehrgeiz, so wie es jetzt gut oder möglich ist oder ertragbar … und auch nur solange, wie ihr damit sein wollt … danach liegt ihr am Boden spürt nach, was ist geschehen? … ja … und dann ist es auch schon bald genug und irgendwann, wenn ihr noch ein bisschen nachgespürt habt, dehnt ihr euch wieder ein bisschen durch …

… rollt euch aus dieser Bauchlage wieder in die Seitenlage und rollt euch auf den Rücken … … ihr rollt, ihr seid in der Dehnung, ihr rollt, seid nicht gleich auf dem Rücken niedergelegt, sondern ihr rollt über die Seite und wartet, bis das Gewicht euch wieder auf den Rücken verlagert … ja, das gebt ihr euch so ein paar Mal … dehnen Seitenlage Bauch, dehnen Seitenlage Rücken … es kann auch sein, dass aus der Bauch- oder Rückenlage ihr Lust habt auf die andere Seite zu gehen und weiter zu rollen … es gibt Kollisionen, aber das macht nichts … ja, lasst euch rollen … ja, ja … ja, wunderbar … [*Gelächter*] … ihr wisst, wer aufpassen muss auf sich … solange es euch Freude macht … [*Gelächter*] … und streicht euren Bauch aus und die ganze Vorderseite … spürt wie ihr auf dem Boden liegt, ob der Boden euch trägt … und spürt den Raum zwischen den streichenden Händen und dem Boden … dieser Raum wird ja nur deutlich durch die Schwingung in ihm, durch den Atem, der ihn deutlich werden lässt …

… und breitet die Arme aus und stellt die Füße an … und eine Hand geht in großem Bogen über euch, wandert auf die andere Seite und legt sich auf den anderen Arm, da wo sie eben landet … ihr bleibt mit dem Becken möglichst auf dem Boden liegen … und zur rechten Zeit wandert sie wieder zurück in großem Bogen … und legt sich ab, legt den Arm ab und ihr schaut mal, wo der Arm landet … dann steigt die andere Hand empor, der Arm … wandert auf die andere Seite, bleibt da eine Weile … der Arm ist ausgestreckt, der Weg geht ganz nach oben, ausgestreckter Arm, weit … dann wieder auf seiner Seite sich ablegt … beide Arme dann wieder am Boden liegen … ihr euch spürt … wie liege ich? … dann geht es noch mal weiter, mal die eine, dann die andere Seite, ausgestreckt, weit in die Höhe, greifend mit der Hand und zur anderen Seite sich senkend zum anderen Arm … da wo sie landen kann und zur rechten Zeit wieder emporsteigend zur Decke, soweit es geht … und sich wieder auf den alten Platz zurücklegend … wieder die Frage, wo liegt er denn, wie liegt er denn? … und bleibt so ein bisschen, bevor ihr die andere Seite nehmt … spürt euch … spürt eure Lage … und dann wieder mit der anderen Seite, ganz emporsteigen … und zurück zur rechten Zeit, ablegen … wie liege ich, wie liegen meine Arme, wie liegt mein oberer Rücken, mein ganzer Rücken? ... wo ist mein Atem? ...

... die Arme wandern noch ein bisschen höher, so im 45 Grad Winkel zum Kopf ... die Füße gleiten am Boden entlang, geben die Beine dem Boden zurück ... ihr öffnet die Leisten ... seid ganz durchlässig für den Atem in den Leisten ... und öffnet die Achselhöhlen ... der Nacken ist nicht geknickt, sondern ganz frei ... die Leisten – es gibt diesen wunderbaren Ausdruck von einer großen Atemlehrerin, „die Leistentore", es sind wirklich Tore ... die Achselhöhlen ... ... und ab und zu dreht ihr die Hände im Handgelenk um, so dass die Innenhände den Boden berühren ... vielleicht nicht überall leicht, einfach schauen, geht das? ... ihr bleibt dabei möglichst in dieser Eingespanntheit ... schaut, was passiert mir denn da im Rücken? ... was sagt mein Atem dazu ... die Leistentore sind offen ... lasst euch atmen ... und zu eurer Zeit löst ihr es wieder ab, und die Handrücken liegen wieder auf dem Boden, ihr seid in dieser Weise eingespannt ... ihr bleibt schon durchgedehnt und eingespannt, gut und weich eingespannt ... die Achselhöhlen und Leistentore ... lasst euch atmen ... und zu eurer Zeit könnt ihr nochmal die Hände drehen, die Handinnenseiten, Innenseiten der Finger, Fingerkuppen, die den Boden berühren ... ihr geht durch die Bereiche, wo ihr Spannung spürt durch, atmend, gebt die Spannung ab an den Boden ... und abgeben ist leichter im Ausatem als im Einatem ... und zu eurer Zeit dreht ihr wieder, macht es euch ein bisschen leichter ... bleibt aber noch eine Weile so, ganz geöffnet nach oben und nach unten ... wieder ist da so eine Öffnung zum Grund und eine Öffnung in den Raum über euch ... wieder so etwas zwischen Himmel und Erde ... Leistentore, Achselhöhlen ... und das Gesicht, dass sich öffnet, die Hände, die offen sind ... Achselhöhlen und Leistentore ... und ihr löst euch aus dem Ganzen zu eurer Zeit in eurer Weise ... die Arme finden sicher eine andere Lage ... vielleicht wollen sie auch den Körper berühren, ihr seht selbst, was jetzt sein will ... oder sie streichen euch nochmal aus, vielleicht durch die Leistentore ... zu den Oberschenkeln ... durch die Achselhöhlen zu den Oberarmen ... zur Brust ... und immer noch das Gespür für den Boden, immer noch spürt ihr, ich liege auf dem Boden ... der Boden trägt mich ... ... und dann streicht ihr euch zum Schluss euer Gesicht aus ... ... und auch nochmal um den Nacken herum ... Hinterhaupt, Hinterhauptsansatz, Nacken ... Gesicht ... ... und danach legen sich die Hände nochmal an die beiden Leistentore ... seid wach in eurem Gesicht, noch ganz in dieser Bewusstheit durch das Streichen ... Offenheit und die Leistentore, die offenen ... die Verbindung zwischen den beiden Bereichen ... offen in meinem Gesicht, offen in meinen Leisten ... ... ja, dann beendet ihr das, indem ihr euch nochmal kurz ausstreicht ... ...

... und ihr kommt dann mal in einer guten Weise zum Sitzen ... und irgendwann zum Stehen ... nehmt euch Zeit ... ihr steht dann, wechselt so ein bisschen von einem Fuß zum anderen, absichtslos … so ein kleines Spiel, kaum zu sehen … die Füße verlagernd … bis es soweit ist irgendwann, dass ihr geht … … … … … … … … … … … … …

Protokoll Herta

Boden. Himmel. Raum. Hingabe. Herz.
Zuerst liegen und ganz frei sich bewegen, wie es kommt.
Arme am Boden ausbreiten. Ein Arm heben, über Körper in hohem Bogen Hand auf den anderen Arm legen. Große Drehung, Dehnung. Diagonale. Einige Male, beide Seiten.
Zur Seitenlage kommen. Leichtes Spiel vor- und rückwärts.
In Bauchlage, Becken schwingen.
Hände aufstützen neben Schultern. Abdrücken, Rumpf durchgedehnt.
Rollen, Seite – Bauch – Seite – Rücken – usw., viel Spaß.
Wieder Rückenlage. Sich ausstreichen, vor allem Leisten und Achselhöhlen.
Andreaskreuz – Zwischen Himmel und Erde
Zum Stehen kommen. Aus dem Stehen allmählich ins Gehen finden. Ziemlich lange.
Bei allen so viel Eigenes bei den Einzelnen. Eine große Freude. Gesprächsrunde sehr lebendig und persönlich. Stille vor dem Schluss.

Einheit 11

[*Wie in der Einführung vermerkt ist, wurde die letzte Stunde nicht aufgenommen.*]

Protokoll Herta

Letzter Morgen mit der Gruppe.
Stille. Nochmal gebe ich das Ölfläschchen herum. Nochmal Duft – Luft – Atem. Geschenk, das ich nehme und weitergebe, verschenke. In die Luft, in den Raum, in den Kreis.
Es wurde eine Stunde des Öffnens, der Freigabe, der Liebe.
Fingerkuppen vor dem dritten Auge. Innen. Hände auf Sonnengeflecht. Verbinden.
Hände seitlich der Schultern. Raum gebend, öffnen.
Drittes Auge – Hara
Sammeln in Sonnengeflecht. Es war ein Tanz um die Mitte, um das Herz.
Zweier-Situation. Liegen. Sitzende nimmt Kopf. Sich abgeben, hingeben. Sich hingeben im Nehmen. Ein Miteinander. Es war noch schöner, als ich es beschreiben kann.

Gesprächsrunde – einfach wunderbar. Ich bin tief berührt. Am Schluss bringt J. eine Orchidee und spricht für alle. So schön, so liebevoll. Dank. Und die Gruppe: Sie fassen sich bei den Händen und singen. Köstlich. R. ist die Anleiterin. Ein fröhlicher, liebevoller Abschied. Und die Sonne scheint.

Seminar in Zist vom 8. bis 12. Juli 2012

Einheit 1

Die Zeit des Beginnens hat uns einen Regenbogen beschert über dem Haus!

[*Herta macht keine Vorstellungsrunde.*]

Aber ich schlage was vor, und zwar, wir stehen auf, und wir schauen uns im Kreis um, wir können uns aber auch sitzend im Kreis umschauen ... wir stehen dann auf und gehen einfach mal durch den Raum und schauen ... wir treffen alte Bekannte, begegnen uns, wir treffen neue Menschen, begegnen uns vielleicht auch schon ein bisschen ... lasst euch einfach mal ein in diesen Beginn des Sich-kennen-Lernens, des Daseins mit anderen Menschen ... ... schaut euch erst mal so ein bisschen um ... ... wenn ihr bereit seid, dann steht ihr auf, schaut euch diesen Raum an ... ...

... und jetzt lade ich euch ein, in eurer Weise anzukommen, euch zu lösen von den Anstrengungen, bis ihr hier wart ... ... zu versuchen, anzukommen ... ... da kann euch sehr hilfreich sein, ein ganz kleines, sanftes Schwingen einzuladen um euren Rumpf ... ... abfallen zu lassen, was noch bedrängt und müde macht, müde gemacht hat .... bei euch einzukehren ... ... spürt das Lösende der Schwingung ... ... gebt in diesem Schwingen auch ganz deutlich mal euren Nacken und euren Kopf frei ... alles Festhalten im Nacken im Übergang zwischen Rumpf und Kopf ... und gebt einfach mal da ab ... und solche Angebote von mir sind so gedacht, ich will euch nicht sagen, macht das und das so und so ... sondern schaut, wie gehe ich damit um, mit so einer Möglichkeit ... und was macht sie mit mir ... ... und ich meine mit diesem Freigeben des Nackens nicht eine bestimmte Art den Kopf zu bewegen, sondern aus der Freigabe des Nackens folgt der Kopf ganz selbstverständlich in diese oder jene Bewegung ... der Ansatz ist im Nacken ... und der Ansatz ist im Grunde noch viel tiefer ... auf dem Gesäß, auf dem Hocker, dieses Freigeben, das kommt ja ganz von unten her ... und es ist die Frage, wie geht es für mich ... und da werden auf einmal vielleicht die Schultern bewusst, erst mal eine, die andere, Schulterkuppen, Schultern und aus dem Schultergürtel heraus ist es ja beinahe so, wie wenn die Arme da herauswachsen würden und dieses Bewegtsein in der Tiefe, durch den Rumpf, durch den Nacken zum Kopf, nimmt auf einmal so ein bisschen die Arme mit ... ... öffnet die Bewegung in die Arme hinein und schaut auch, wie ist das für mich, nicht ich muss das so und so machen ... ganz vergessen alles Müssen, Richtig-machen-Wollen, sondern nur zu sich selber gehen, spüren, was stimmt für mich ... was taucht an Bewegung und an Beweglichkeit aus mir auf … … auf einmal öffnet sich der eine Arm in die Luft hinein, geht zurück und dann vielleicht der andere … in den Raum, die Luft, und das Schwingen bleibt … aus der Tiefe, durch den Rumpf … über den Nacken, zum Kopf, alles ist mitgenommen und die Arme öffnen sich aus der Schwingung heraus … … auch die Schultern lösen sich aus dieser Schwingung heraus … nicht, weil ich sie jetzt bewege und löse, sondern die Schwingung aus der Tiefe, aus dem Becken, aus der Auflage auf dem Hocker, durch und durch löst sich die Bewegung der Arme ab … wenn ich sie lasse, wenn ich sie freigebe und, wenn ich in der Empfindung dieser Bewegung folge … … bis ich spüre, ja, diese Bewegung, das bin ich … … das kommt aus mir … … und wenn ihr das so spüren könnt, dann kommt ja auch so Freude an der Bewegung, am Bewegtsein … eine Freude, die ganz von innen aus der Bewegung herauswächst … und das wiederum verändert die Bewegung noch einmal, erweitert sie, vergrößert sie … vielleicht … vielleicht geschieht auch was ganz anderes … … ja und irgendwann vielleicht kommt so eine Lust, ein Bedürfnis zu noch mehr Öffnung, zu mehr Dehnung, zu mehr Freiheit … … es sind nie die Arme z. B., die sich dehnen, sondern es bist immer DU, die sich in diesen Arm dehnt, es ist nicht allein der Arm, es bist DU … … und ihr spürt die Dehnung so durch euch durch wirken, wenn sie denn da ist … … und lasst es so ganz aus euch heraus entstehen, aus euch heraus wachsen … … … … … spürt bei diesem Dehnen und Bewegtsein auch eure Füße auf dem Boden … das Gesäß auf dem Hocker, Füße auf dem Boden … … und ihr spürt dann auch, wann es genug für euch ist, euer Maß, jetzt möchte ich nicht mehr, alles ist da möglich … dann nehmt ihr es zurück, lasst vielleicht die Arme noch ein bisschen baumeln … … … … und kommt dann in die Ruhe … …

… eure Hände legen sich auf den Bauch, streichen über den Bauch, den Nabel hinunter zum Unterbauch … zu den Leisten, und ihr lasst euch ganz ein unter diese streichenden Hände … spüren … in der Empfindung, in der Achtsamkeit, im Euch-Begegnen … und von da zu eurer Zeit streicht ihr über die Oberschenkel, lasst euch eure Zeit immer … … … zu den Knien, um die Knie herum … … auch die Unterseite der Oberschenkel, die Innenseite … … … und von da aus kommt ihr dann noch in den unteren Rücken zum Kreuzbein, streicht euch im Kreuzbein aus, spürt auch, was passiert denn da, wenn ich mich da unten ausstreiche … … das Gesäß … und die Beckenkämme, um diese Beckenkämme herum, die runden Knochen, nach vorne sich rundenden zu den Leisten hin … dieses ganze Becken habt ihr so in euren Händen … streicht es, macht es euch bewusst … … ihr lasst euch so immer unter euren Händen ein … da wo ich bin mit meinen Händen, da bin ich ganz mit meiner Empfindung … … und wenn ich da hinkomme, nicht nur mechanisch streiche, dass ich da ganz mit meiner Empfindung mich einlasse, dann ist die Frage, was ändert sich denn da, was geschieht da … wenn ich da von innen her so richtig hinschaue … …

... ja und danach streicht ihr nochmal zu den Oberschenkeln und zurück und löst euch daraus ... ... die Hände legen sich dann dahin, wo ihr jetzt spürt, da möchte ich sie haben ... da möchte ich mich durch meine Hände noch mehr hin gerufen fühlen ... berührt fühlen ... bei mir sein ... ...

... und dann, wenn ihr bereit seid, legt ihr eure Hände mal auf euer Gesicht ... streicht euer Gesicht aus mit den Fingerkuppen, mit den Händen, wie immer sich das für euch zeigt ... ... spürt da mal so die Landschaft eures Gesichtes ... die Stirne, um die Augen zur Nase ... die Wangen ... die Kiefergelenke ... der Mund ... und immer mal wieder die ganzen Hände, die ganze Innenseite der Hände, die das Gesicht einhüllen, nehmen, in sich aufnehmen ... vielleicht will sich der Kopf dabei ein bisschen senken, der Nacken wieder sich lösen ... ... spürt immer eure Zeit, euer Maß ... wann ist es genug, wann will ich mich lösen von den Händen im Gesicht ... ... und die Hände streichen danach den Nacken aus, den Hinterhauptsansatz, da ist ja auch so eine Vertiefung in der Mitte, das Hinterhauptsloch ... streichen vom Hinterhauptsloch rüber zu dem Ohrwinkel ... das kann manchmal auch gut ein ganz kraftvolles Berühren brauchen ... zum Lösen ... der Mund, der sich vielleicht dabei öffnet, wenn ihr so rüber streicht vom Hinterhauptsloch, dann lasst doch den Kopf sich nach rückwärts senken, es kommt eigentlich ganz natürlich ... ihr streicht zu den Ohren hin am Hinterhauptsansatz, und der Kopf senkt sich so ein bisschen nach rückwärts, und der Mund öffnet sich ein wenig ... es taucht vielleicht sogar ein Gähnen auf, es wäre ja auch sehr verständlich ... es ist schon Abend, und ihr habt schon viel hinter euch ... ja und danach kommt fast von selbst noch mal wieder so ein kleines Schwingen in die Arme, ein lösendes Freigeben aus dem Schultergürtel heraus, aus dem Nacken heraus lösen sich die Arme ... diesmal ist es ein ganz von oben Herkommen ... Freigabe im Nacken, in den Schultergürtel, in die Arme ... in ein Schwingen ... der Mund ist gelöst, die Zunge ist gelöst ... der Zungengrund ... auch dieses Schwingen, nur solange, wie es aus euch kommt ... nicht weil ihr jetzt schwingen sollt, nur so, wie es aus mir sein will ... ...

... ... jetzt gehen wir weiter ... eine Hand streift vor der Nase, in einem Abstand zur Nase durch die Luft, weht den Atem in die Nase ein ... und der Ausatem kommt wieder durch die Nase heraus ... öffnet die Nase ... und weht die Luft hinein, macht euch die Nase bewusst, der Einatem, die Luft, die sich dann wieder ablöst ... die Nase öffnet sich, die Nase wird ganz wach ... ... es können auch beide Hände sein, im Wechsel, eine, die andere, die die Luft einwehen in die Nase ... und die Nase öffnet sich immer weiter, immer mehr ... ... der Einatem dringt ein, er wird gebracht durch die Bewegung der Hand, durch die Luft und löst sich wieder ab in den Ausatem, lasst dem Ausatem auch Zeit ... wo ein Einatem war, muss auch ein Ausatem sein, er muss Zeit kriegen, Raum kriegen bis der nächste Einatem wieder selbstverständlich kommen will und muss ... ich wehe die Luft in meine Nase, der Atem durchschwingt mich ... in mir die

Luft, mein Atem … … es wird euch immer deutlicher, das Kommen, die Luft wird geliefert durch die Hände … und das Gehen im Ausatem, Ausschwingung nach dem aufgenommenen Einatem … … ganz euer Rhythmus, eure Weise, euer Umgang mit euch selbst … … die wache Nase, die sich weitende Nase, die empfangende Nase und ihr wart vorher mit euren Händen auf dem Bauch … und schaut doch mal, was da geschieht im Empfangen der Luft durch die Nase, was da geschieht in eurem Bauch … … geht damit sehr weich und sanft und liebevoll um … … beide Hände können auch gleichzeitig durch die Luft streifen vor der Nase und gleichzeitig die Nase öffnen … die Luft einströmen lassen, die Luft, die mein Atem wird, wenn ich sie einfließen lasse, wenn ich ihr Raum in mir gebe … … wieder eure Zeit … …

… wenn ihr es zurücknehmt, spürt so ganz gut in euch, wo ihr euch innen bewegt fühlt, wenn ihr euch fühlt, wo ihr euch fühlt … da legt eure Hände hin … kommt unter eure Hände in eure Empfindung, sammelt euch zu euch nach innen … … … und streicht dann nochmal um den Bauch herum, um das Becken herum … das Knöcherne im Becken auch, und zurück zum Kreuzbein … über die Beckenkämme … … … und dann ruht ihr euch sitzend aus, indem ihr die Ellenbogen vor den Knien ablegt, den unteren Rücken ganz löst, auch den oberen … den Nacken, der Kopf, der hängt … … die Lende, die freigibt … … … und kommt dann wieder hoch …

… und nochmal kommt ein kleines Schwingen in den Rumpf, ja vielleicht von Seite zu Seite, ihr spürt, wie ihr mal mehr auf einem Sitzbeinhöcker ankommt … und dann auf der anderen Gesäßhälfte … und da lasst das Gewicht, lasst die Schwere wirken, auch da ist es nichts Mechanisches … der Kopf geht mit auf die gleiche Seite, löst sich … … so ein kleines Lächeln kommt dabei ins Gesicht, alle Anstrengung verschwindet … … es taucht auf im Gesicht, es kommt ganz aus dem Mitgehen mit der inneren Bewegung … der Atem kommt mit in die Bewegung, er begleitet die Bewegung und er gibt der Bewegung euren Rhythmus … … … ihr nehmt es langsam zurück … sitzt in eurer Mitte … … …

… und ein Letztes, ihr lasst den Ausatem durch den Mund strömen mit einem angehauchten U, das aber nicht klingt, es ist in eurem Atemhauch, der Mund formt es in einen U-Mund und der Ausatem strömt durch diesen U-Mund … und ihr spürt, wie geht das, was macht er, nicht ihr macht etwas, er macht was mit euch, dieser HU-Ausatem … … … HU-Ausatemstrom … … ist da noch ein Bewusstsein in euren Schultern? …. … in euren Füßen auf dem Boden? … im Gesäß auf dem Hocker? … im Nacken, Übergang zum Kopf? … … und lasst euch fühlen, wie nach dem ausgeatmeten HU–Einatem kommt und übergeht ihn nicht, gebt ihm Zeit und Raum … … es wird auf einmal wieder die Nase ganz wach … lasst euch selbst euren Ausatemstrom hören, nicht mit klingendem Atem aber den Laut des Stromes … … … solange es euch gefällt, solange es euch gut tut, solange ihr noch forschen müsst … … dann lasst ihr es nachschwingen in euch, spürt den Nachatem, nach dem Üben ist es noch längst nicht vorbei, die Zeit danach, die stille Zeit danach, die ist ganz wichtig … da nimmt das, was geschehen ist, noch mehr Raum in euch … … …

… wir ruhen am Boden auf der Decke …

Protokoll Herta

Sonntag Abend

Wir beginnen mit im Raum gehen, begegnen den anderen, Bekannten und Freunden. Kennenlernen, sich öffnen.

Danach begann ich ganz einfach, für die weniger Erfahrenen, Schwingen, aus sich selbst heraus. Ich versuchte, sie ganz an sich heranzuführen, sich zu erlauben, sie selbst zu sein. Wenn nicht im Atem, wo dann? Durchlässigkeit, Nacken-Kopf, Schultern kommen von selbst dazu, Arme werden frei. Lange eingeladen zu spielen, aus sich heraus.

Hände auf Gesicht. Landschaft erforschen. Wieder lange. Anschluss an Rumpf. Füße Boden, Gesäß Hocker. Sitzend ruhen.

HU-Atemstrom, ohne Klang. Ich sprach wieder Boden und Hocker an, Nacken, Schultern, ganzer Rücken.

Es war viel mehr, eine stille Einführung in die Arbeit. Ziemlich viel Neue sind da. Keine Ahnung woher sie kommen und wie sie arbeiten. Bin neugierig auf diese Gruppe.

Ruhen – ohne Gespräch, ganz stilles Auseinandergehen.

Einheit 2

Herta liest Text zum Seminar vor:

> *„Man muss den Dingen die eigene, stille ungestörte Entwicklung lassen, die tief von innen kommt und durch nichts gedrängt werden kann oder beschleunigt werden kann. Alles ist austragen und dann gebären." (R.M. Rilke)*

Lasst eure Hände zusammenfinden, zueinander finden, und berührt euch in euren Händen … spürt mal, was die Hände so miteinander wollen, was ihnen wohltut, wie sie ineinander liegen, verschiedene Weisen … … was sie mit ihrer Berührung, der Art ihre Berührung jeweils ausdrücken … euch sagen wollen oder was aus euch heraus entstehen soll … diese verschiedenen Weisen in meinen Händen zu sein, manchmal vielleicht auch etwas Druck zu geben in den Händen gegeneinander, zueinander … zueinander … es ist mir noch garnicht so klar geworden – zueinander, gegeneinander – was für ein wesentlicher Unterschied … … wie wir uns berühren in unseren Händen … … … … … manchmal kommt ein weicher Druck, ein guter Druck der Hände zueinander … … …

die Nase ist wach … … es wird uns deutlich vielleicht, warum manchmal in der oder der Situation die Hände zusammenfinden … und in einer ganz bestimmten Weise zusammenfinden … je nach der Situation, die uns berührt … … die oft ganz spontan sich in unseren Händen ausdrückt … die Situation … … vergesst nicht die wache Nase … … … … ihr seid eure Hände … … … dann streichen sich die Innenhände noch aus, sanft, liebevoll … … …

… und lösen sich dann voneinander, sind aber nicht abgelegt, sondern liegen noch in der Luft, und es beginnt so ein kleines lösendes Spiel aus den Handgelenken … lasst die Schwere wirken, das Lösende erfahrt ihr, Hingabe, das Nicht-festhalten-Müssen in den Handgelenken, und auch ihr erfahrt, was macht das mit mir … … … mit der Zeit werden die Ellbogengelenke mitgenommen, es erweitert sich aus den Händen in die Ellbogen … die Bewegung wird dementsprechend weiter, größer … ausweitender … freigebender … da tauchen sehr bald auch die Schultern auf und es ist alles im Anschluss …. die Bewegung, lasst sie durchfließen, ihr dirigiert sie nicht, sondern die drei Gelenke, Handgelenke, Ellbogen, Schultergelenke spielen ineinander … eins holt das andere … eins nimmt das andere … die Bewegung weitet sich, befreit sich … ihr seid aber immer ganz verbunden mit eurer Bewegung … ihr seid eure Bewegung, ihr macht nicht irgendeine Bewegung, sondern sie wächst aus euch heraus … … solange es euch wohltut, solange es euch Freude macht und solange ihr spürt, es ist gut, noch dran zu bleiben … … und danach, wenn ihr es ablösen wollt, lasst ihr die Arme einfach hängen, die Arme aus den Schultergelenken, die Hände aus den Handgelenken … … …

… und ihr beginnt dann ein kleines Spiel des Kreisens in euren Schultergelenken … … … und lasst dann die Arme schwingen im gleichen Sinn, leicht, lösend … keine gymnastische Bewegung, sondern aus dem, was war … kommt nochmal Befreiung ins Spiel … Schwingung … ja, da und da taucht das Gähnen auf, es ist immer willkommen, und es muss garnicht solange sein, dieses Schwingen der Arme, euch darin erfahren, und dann legen sich die Hände ab …

Ich möchte euch jetzt einladen zu einer Begegnung zu zweit. Die meisten von euch kennen es, aber es ist immer wieder wunderbar, wenn man sich einlässt. Ihr steht zu zweit hintereinander, die hinten Stehende schaut den Rücken der vorne Stehenden an, nimmt Beziehung mit dem Menschen auf, legt die Hände auf den Rücken, da wo sie gerufen werden und von da aus beginnt ein Spiel der Berührung, der Begegnung, des Zeigens auch, da bist du in deinem Rücken oder auch da bist du nicht in deinem Rücken. So in dieser Weise, ein Spiel der Begegnung, des Schauens, des Wahrnehmens, des Miteinanderseins, und ich würde sagen, wir machen es einfach so wie ihr nebeneinander sitzt, kommt ihr zusammen und ihr kommt zum Stehen. Eins vorne lässt sich berühren und Zwei dahinter berührt und die Berührung, gerade die Anfangsberührung ist so, dass man sagen kann, sie fragt und bittet um die Erlaubnis. Also, ich wünsche euch viel Freude daran.

Berühren in dem Sinne bedeutet auch ein Gespräch beginnen ... ... berührt werden heißt, sich zu öffnen, Berührung zuzulassen ... ... zu lauschen .... wenn ich jemanden berühre, sage ich ja auch dabei, ich nehme dich ... . wenn ich mich berühren lasse, sage ich ja auch, ich bin bereit ... ... wo das Stehen schwer wird, kann man sich auch setzen .... und lasst euch spüren, wann ihr es beenden wollt ... ... wenn ihr es beendet, setzt ihr euch auf euren Hocker ... um es nachwirken zu lassen ... ... zu ruhen ... ...

... vielleicht ein bisschen die Erinnerung an gestern mit dem Nacken, diese Wirkung, diese Schwingung in den Nacken hinein zum Hinterhauptsansatz ... ganz leicht ... lösend ... auch garnicht lange ...

... jetzt macht ihr euch bereit, die Sache umzudrehen ... wer berührt hat, lässt sich berühren, und wer sich hat berühren lassen, berührt ... ...

Boden

... die Beine sind etwas ausgebreitet und die Arme liegen ausgebreitet neben dem Kopf oder im 45 Grad Winkel neben dem Kopf, ihr breitet euch aus auf dem Boden ... ... so wie es geht, achtsam mit euch, und überlasst euch dem Boden ... ... geht auch ganz weich in den Bereich eurer Schulterblätter, wo es leicht in dieser Lage eine Spannung gibt, übergebt diese Spannung dem Boden ... ... und wenn es Zeit ist für euch, dann lösen sich die Arme vom Boden und schauen nach oben zur Decke, die Hände, die Finger schauen zur Decke hinauf ... ... und immer mal wieder zieht eine Hand den Arm ein bisschen hoch und löst das Schulterblatt vom Boden ab ... nicht mit Gewalt, ganz weich ... durchlassen ... und wieder senken ... abgeben ... ... spürt die Dehnung im Hochziehen, spürt sie ganz durch euch durch, lasst sie durchschwingen ... ... und nach einer Weile legt ihr die Arme wieder ab auf den Boden ... wieder in der Weise, wie sie vorher lagen ... ...

... und stellt eure Füße an ... auch in einem guten Abstand voneinander, wieder lasst ihr euch in diese Lage ein, da ist Dehnung, aber da ist Weichheit ... und Dehnung und Weichheit zusammen lassen den Atem fließen, wenn ihr ihn zulasst, wenn ihr es geschehen lasst ... Dehnung und Weichheit ... ... und zu eurer Zeit löst ihr die Dehnung und wandert so am Boden entlang mit den Armen, dass die Arme und Hände neben dem Rumpf liegen in einem guten Abstand, frei ... ... und die Füße geben einen weichen Druck zum Boden und bewirken dadurch eine kleine Bewegung über das Kreuzbein zur Lende ... und lösen den Druck und wieder wandert die Bewegung zurück zum Kreuzbein,

Steißbein ... und nicht mehr und nicht weniger ... der Druck, übers Kreuzbein zur Lende, unterer Rippenrand ... und das Lösen und das Abgeben ... es ist so ein kleines Weichmachen des Bereiches zwischen Kreuzbein und Rumpf, Rippenkorb ... so durch die Mitte des Rumpfes zwischen Becken und Rippenkorb ... ein paar Mal, bis ihr spürt, es ist genug ...

... dann schwingen die Knie zu den Seiten, zur gleichen Seite beide ... garnicht viel, nur ein ganz klein wenig, so dass ihr spürt die Bewegung des Kreuzbeines zu den Seiten, über die Mitte zu den Seiten des Kreuzbeines, nicht mehr aber auch nicht weniger ... ganz über das Kreuzbein, spürt die Bewegung auf dem Boden, die Berührung, die verändernde Berührung auf dem Boden ... und das ist so etwas Spürendes, spüren ... und die Weichheit im Nachgeben lädt den Atem ein, da zu sein, wo ihr eure Spürung, eure Empfindung hinlenkt ... und weich nachgebt ... dahin folgt euch der Atem, dahin ist er eingeladen ... ... und es schwingt langsam aus, ihr liegt dann auf der Mitte eures Kreuzbeines ... die Mitte des rückwärtigen Beckens ... lasst den Nachatem zu ... versucht ihn zu spüren ... lauscht ihm ... und lasst ihn dann schwingen in euch ... und die Hände legen sich jetzt auf den Bauch, und ihr seid immer noch verbunden mit dieser Atemschwingung in euch ... streicht aber mit den Händen ganz liebevoll über euren Bauch, um euren Bauch herum, um euren Nabel herum ... zum Schambein, auch zu den Leisten, in diesen ganzen Bereich hinein ... bleibt aber noch in eurem Gespür gut im Kreuzbein, mit dem rückwärtigen Becken am Boden ... dieser Berührung ... auch in der Erfahrung, der Boden trägt mich ... vielleicht mit einem Erfahren des Raumes zwischen euren streichenden Händen am Bauch und dem Boden ... rückwärtigen Beckenboden ... entsteht da ein Raum? ein Empfindungsraum? .... kein imaginärer Raum ... ein Atemraum, ein Empfindungsraum ... folgt der Atem meinen Händen? ... meiner Empfindung? ... meiner Einladung? ... spüre ich innen Raum, bewegten Innenraum? ... ... und dann ruhen die Hände noch ein wenig auf dem Boden, ihr lasst es nachschwingen ohne die Berührung der Hände, ohne diese direkte Aufforderung oder Einladung ... das, was im Nachhinein da ist ... vielleicht ist garnichts da ... vielleicht ist aber was da ... ...

... legt mal eure Fingerkuppen an die Rollhügel, seitlich am Becken, an diese runden Knochen ... die Fingerkuppen legen sich auf sie und geben einen weichen Druck an diese beiden Knochen ... der Druck von außen nach innen ... ihr gebt dem Druck nach ... lasst geschehen, was durch den Druck entsteht ... und löst den Druck wieder ... und es ist nicht jetzt und jetzt und jetzt, sondern ihr wartet bis der Druck sich gelöst hat und bis ihr spürt, jetzt kann ich wieder ... ... Druck ist auch eine Einladung für den Atem ... und das Lösen, das löst den Atem wieder ab ... und ich spreche extra von Einladung und nicht jetzt muss das und das geschehen mit dem Atem, sondern die Finger drücken, laden ein ... komm ... und der Atem kommt vielleicht oder er kommt nicht, weil er garnicht versteht ... und löst wieder, und was geschieht, geschieht ... ... und solange es euch gefällt ... und danach streichen eure Hände diesen seitlichen Beckenraum aus ... kneifen vielleicht auch da und dort in die Muskulatur hinein ... liebevoll und doch ein Kneifen ... ... und dann nochmal um den Bauch zu den Leisten ... ... und die Beine strecken sich aus, eines nach dem anderen, die Füße gleiten am Boden entlang ... und ihr übergebt die Beine dem Boden ... ...

... und dann findet ihr einen guten Weg, wieder auf den Hocker zu kommen ... wie mache ich das am besten? ... ... lasst euch summen ... ... ein ganz kleines Lächeln zieht in euer Gesicht ein ... ... findet eure Töne ... ... es ist ein Lächeln für euch selbst ... ... eure Summ-Melodie ... ... es geht zu Ende, lasst euch noch mit dem Rumpf ein wenig in Bewegung kommen ... und so summt es sich dann langsam aus ... ...

... so wie ihr vorher zu zweit zusammen wart, so geht ihr nochmal zu zweit zusammen – Eins sitzt auf dem Hocker, Zwei steht dahinter, legt die Hände auf die Schultern von Eins, streicht auch den Nacken zum Hinterhauptsansatz und nimmt vielleicht auch mal den Kopf in ein kleines Bewegungsspiel ... und ihr spürt, wie lange muss das sein ... dann setzt ihr euch wieder, lasst es nachwirken und wechselt ... ... und lasst euch sehr gut spüren, was bedeutet das, wenn jemand die Hände auf meine Schultern legt ... wie ist es ... und wie ist es, wenn ich jemanden meine Hände auf die Schultern lege ...

Protokoll Herta

Montag

Nachts große Gewitter, sehr abgekühlt. Grauer Morgen.

Eine gelungene Stunde. Hände finden zusammen. Vielerlei Weisen. Viel erklärend dazu gesprochen. Endend so: Hände trennen sich voneinander. Lösen der Handgelenke – Ellbogengelenke – Schultergelenke – Freiheit – Finden nochmal zueinander. Bauch ausstreichen, Oberschenkel. Zweier-Situation. Stehen hintereinander, Rückenberührung. Erlaubnis? Wärme des Herzens, Distanz der therapeutischen Achtung. Nehmen? Hingabe. – Gut gesprochen.

Sitzen, ruhen – wechseln.

Danach liegen auf der Matte. Rücken – Boden. Arme ausgebreitet. Nachgeben, besonders im Schulterblattbereich.

Arme neben Rumpf. Füße anstellen. Druck geben, rollen von Kreuzbein – Lende, unterste Rippen und zurück. Einige Male. Dann leicht mit Knien schwingen.

Zum Hocker zurück. Lasst euch summen. Wunderbar!

Nochmal zu zweit. Hinterer Partner legt Hände auf Schultern des Vorderen. Hinwendung von Herzen und nötiger Distanz. Nacken, Hinterhaupt, Kopf. Auch hier vorher Erlaubnis. Sehr innig, fein. Freude.

20 Min. Pause – Gespräche zögerlich, aber das, was kam, war sehr schön.

Einheit 3

Boden

[*Der Anfang fehlt – unverständlich.*]

... Gleiten der Beine über die Waden, Zehen nähern sich, entfernen sich, so dieses Begrüßungsspiel ... ganz leicht ... aus der Hüfte heraus ... zueinander, auseinander ... nur solange es euch Spaß macht ...

... ihr spürt den Boden unter euch ... und um da bequem zu liegen, müsst ihr nachgeben, der Boden gibt nicht nach ... ... streicht erst mal so über euer Gesicht ... tut euch wohl in eurem Gesicht mit den streichenden Händen ... vom Gesicht hin und wieder mal rüber zum Nacken, zum Hinterhauptsansatz ... die Finger, die sich ins Hinterhauptsloch legen und dann rüber streichen zu den Ohren ... den Nacken ausstreichen ... ... und wer lieber dabei mit abgewinkelten Beinen ist, mit angestellten Füßen, der kann das so machen, ich sage es, weil es mir gerade so geht, dass ich mich wohler fühle so ... ... und danach streicht ihr über euren Körper von oben, von den Schultern, über die Brust ... Brustbein, Magen, Nabel zu den Leisten, einige Male, auch mal über die Flanken, seitlich zu den Rippenbögen ... Becken ... ... spürt auch mal mit den Fingerkuppen den Übergang vom Brustbein zu den oberen Rippen, wie sie da verbunden sind, spürt auch da mal rein, macht euch das bewusst ... nicht nur leicht rüber streichen, sondern mit den Fingerkuppen ruhig mal fester reingehen, Brustbein – Übergang zu den Rippen ... und dann auch runter zu den unteren Rippenbögen rechts und links ... der Übergang vom Brustbein in die Rippenbögen, spürt auch diesen Fortsatz des Brustbeines ... und dann greift ihr mal suchend auch in den Bereich seitlich, zwischen unteren Rippenbogen und Beckenkamm und da in die Flanken hinein ... in diesen Bereich Flanken ... schaut, ob ihr sie spürt, die sind oft sehr unbewusst ... und greift so richtig mit den Fingern seitlich in die Flankenmuskulatur ... und daran dürft ihr euch auch zu Hause öfters erinnern, und euch das geben, diese Flankenmuskulatur ist so wichtig für den Atem ... unteren Rippenrand, links und rechts, Muskulatur ... und wieder dieser knöcherne Beckenkamm ... wenn ihr das beendet, dann liegt einfach mal in Ruhe und spürt noch mal nach, was ist da bewirkt worden, was hat es getan? hat sich was im Atem verändert? legt die Hände vielleicht mal da hin, wo ihr meint, es zu spüren ... die Veränderung in der inneren Schwingung, im Atem, der sich an eurem Körper abzeichnet ... den ihr spürt, wenn die Hände auf euch liegen, da, oder dort ... da wo ihr eben hingerufen seid ... und die Wirkung ist ja nicht immer da, wo wir gearbeitet haben mit unseren Händen, wo wir Akzente gesetzt haben ... sondern die ist oft woanders oder ist oft auch woanders

... und dann legen sich eure Hände nochmal an den oberen Bereich des Brustbeines ... mit einem weichen, guten Druck ... die Nase ist wach ... auch sie ist angesprochen dadurch ... und ihr geht dann mal mit einer Hand am Schlüsselbein entlang, zwischen oberem Brustbein und Schulterkuppe ... streicht euch da aus, greift mit den Fingerkuppen auch mal rein ... der Übergang Brustbein zum Schlüsselbein ist euch sehr bewusst ... legt danach die Hand auf den Leib, da wo sie gerne liegen mag ... jetzt bleibt erst mal ohne die andere Seite ... und spürt ... und dann streicht die andere Hand ihre Gegenseite, Schlüsselbein, Brustbein, Schlüsselbein, Schulterkuppe ... ... das darf ein guter Druck der Fingerkuppen auf dem Weg sein im Streichen ... ein bewirkender Druck ... bis es auch da reicht, die Hand sich wieder da hin legt, wo sie jetzt spüren will, wo sie gerufen ist ... und ihr lauscht nach, was ist jetzt? und alle Spannung, die vielleicht noch am Brustbein, Schlüsselbein, Schulter ist, das gebt ihr ganz ab an den Boden ... es ist so ein Bereich, in dem wir uns oft so festhalten ... wo ganz viel Wille angesetzt ist, Müssen ... spürt eure Schulterblätter dabei auf dem Boden ... gebt sie ab ... und von da aus, diesen ganzen oberen Bereich schließt noch an euer Kreuzbein am Boden an ... ihr seid so zwischen oberen Brustbein, Schlüsselbein, Schulterkuppe, Schulterblättern, und da taucht das Kreuzbein auf ... die Nase ist offen, die Luft strömt ein, und der Atem verbindet ... der große Verbinder, er verbindet diese ganzen Bereiche in euch ... die Hände lösen sich vielleicht vom Körper und legen sich mit den Armen auf den Boden in kleinem Abstand zum Rumpf ... und ihr seid noch in diesem Lauschen auf die Verbindung dieser gerade angesprochenen Bereiche ... und dazu ist euch die Nase deutlich ... die Nasenlöcher, die einströmende Luft ... vielleicht tauchen wieder von neuem die Flanken auf, die schon mal da waren, wach ... ich gehe es jetzt mal von unten durch, Kreuzbein, Flanken, Schulterkuppen, Schulterblätter, Brustbein, Nase ... der Atem, der große Verbinder ... das allein zu denken, reicht nicht ... es muss verbunden werden durch die Schwingung des Atems ... und immer wieder das Kreuzbein in der Tiefe, auf dem Boden ... da ist es auch gut, wenn die Füße sich mal anstellen, bleibt aber ansonsten in diesem verbindenden Spiel zwischen diesen Bereichen ... und löst den ganzen Schultergürtel ab, zum Boden hin ... und löst den Mund ... die Zunge ... den Zungengrund und die Kiefergelenke ... es gibt keinen gelösten Mund ohne Kiefergelenke, die sich lösen können ... und lasst euch so dieses Zusammengehören spüren, wie alles zusammengehört, eins das andere braucht ... und wenn ihr spürt, es ist jetzt für mich genug – an Aufmerksamkeit und dem Hinwenden, dann löst ihr euch daraus ... ruht ein bisschen nach ... könnt eure Lage auch ein bisschen verändern ... und immer noch wahrscheinlich spürt ihr den Atem mal in dem Bereich mehr und in jenem Bereich mehr, wo ihr euch vorher erfahren habt ... wo eure Hinwendung war ...

... die Arme liegen neben euch, und sie winkeln sich in den Ellbogen ab, das heißt Unterarme und Hände schauen in die Luft nach oben, und ihr gebt euch Bewegung in den Ellbogen ... eine kreisende Bewegung der Unterarme und der Hände – eine kreisende Bewegung – in die ihr ganz eintaucht ... die Oberarme liegen auf dem Boden, die Bewegung setzt an den Ellbogen an, die Unterarme und Hände, die in diese Bewegung mitgenommen werden ... und lasst euch spüren, was geschieht denn dabei? ... es geht nicht nur um das Bewegen der Arme aus den Ellbogen, sondern was tun die denn mit mir? ... und merkt euch auch, was immer eure Zeit, euer Maß, eure Möglichkeit und euer euch Wohlfühlen dabei ist ... und wenn das Maß erfüllt ist, dann legen sich die Unterarme und Hände wieder ab am Boden, sie finden ganz von selbst ihre Lage ... und ihr verbindet euch noch ein wenig mit der Nachschwingung ... ...

... wenn eure Arme mit dem Armrücken in Berührung mit dem Boden aufliegen, dann dreht ihr die Arme um, und sie liegen mit den Innenseiten auf dem Boden, die Hände mit den Innenhandseiten und dann dreht ihr sie wieder um auf die Armrückseiten, Handrückenseiten liegen auf dem Boden und wandern so ein ganz klein bisschen neben euren Rumpf kopfwärts ... aber lasst euch Zeit, dann drehen sie sich wieder um, dann sind wieder die Innenseiten auf dem Boden, und ihr spürt, wichtig ist dabei, dass ihr spürt, was passiert ... warum mache ich das überhaupt? ... und immer wieder ein kleines Stückchen weiter wandern und immer wieder dieser Wechsel, Außenseiten ... wandern ein wenig ... Innenseiten ... und immer die Berührung ... soweit es eben geht ... ... immer wieder ein Stückchen weiter, soweit es geht, bis die Arme sich dem Kopf nähern auf dem Weg auf dem Boden ... wenn ihr spürt, jetzt bin ich da angekommen, wo ich nicht mehr gut weiter kann, wo es gut ist so ... dann bleibt ihr so eine Weile liegen, spürt euch auf dem Boden liegend ... spürt den Boden unter euch ... stellt ganz die Beziehung auf zwischen Rücken und Boden ... zum Rücken gehört jetzt auch eure Kopfrückseite, manchmal ist es so, dass, wenn man eine Zeit lang so liegt, dass man auf einmal spürt, jetzt hat sich was gelöst, jetzt kann ich noch ein bisschen weiterwandern ... aber ohne Ehrgeiz, ohne Müssen, einfach soweit ihr spürt, es geht ja ... ... und wo es dann sein mag, da dehnen sich die Arme neben dem Kopf, in der Entfernung, in der sie sind, weich durch ... körperfern, weich, hinter euch, soweit es eben geht ... spürt, was geschieht mit meinem Rücken dabei ... und zu eurer Zeit löst ihr euch daraus, ganz sanft, ganz weich, löst euch daraus ... die Arme werden nicht schnell neben dem Rumpf niedergelegt, sondern ihr spürt, wie kann ich wieder zurückkehren ... es muss nicht der Boden sein, vielleicht können die Arme in der Luft sein und wieder zurückkehren zum Boden neben meinen Rumpf ... wenn die Arme da wieder liegen ... da ist es wieder dieses Nachspüren, nach innen lauschen, was ist jetzt anders, was ist denn geschehen? ... das Bewirkende des Atems ... ...

… ihr nehmt dann den Kopf in die gefalteten Hände, die Füße sind angestellt … und ihr bewegt ganz liebevoll und zart und sanft den Kopf, die Hände ziehen ihn ein wenig ab vom Boden, und ihr geht in sanfteste Bewegung, die Bewegung des Nackens, die Verbindung zum Kopf, mit der Zeit wird es ein bisschen weiter, bisschen höher, bisschen freier … … die Nase ist wach … ihr spürt, wann die Luft einströmt, eindringt … das heißt, ihr spürt, wann der Einatem eingeladen ist und auch wirklich kommt … die Bewegung begleitet und wann der Ausatem die Bewegung begleitet … und wieder geht mit eurem Maß … und wenn ihr spürt, ich möchte meinen Kopf ablegen, dann legt ihn ab … löst die Hände, legt die Arme wieder neben den Rumpf, und der Kopf liegt auf dem Boden … und jetzt verbindet im Atem das Hinterhaupt, das auf dem Boden liegt, abgegeben, und das Kreuzbein, das auf dem Boden liegt, abgegeben – die beiden werden verbunden durch euren Atem … der Atem schafft die Verbindung … und der Atemraum entsteht zwischen diesen beiden Bereichen, Kreuzbein, Hinterhaupt auf dem Boden … die Verbindung schafft den Raum dazwischen … … der euch vielleicht am aller deutlichsten wird in der Auflage auf dem Boden und über die Auflage in eurem ganzen inneren Atemraum … … …

… und jetzt, nach einer kleinen Weile, winkeln sich die Arme wieder in den Ellenbogen ab, und nochmal kreisen Unterarme und Hände über euch, über den Ellbogen, über den Oberarm … kreisen, und ihr geht mit hinein in eurer Empfindung in dieses Kreisen … und dieses Kreisen wird getragen von eurem Atem, vom Kreis eures Atems, dieser Atemkreis im Einatem, im Ausatem … und wenn ihr euch mal berührt, die Hände sich berühren, dann ist das gar nicht schlimm, das ist eigentlich ganz schön … ihr seid ganz in dem Kreis mit eurem Atemkreis … bis es Zeit ist sich zu lösen daraus, die Arme abzugeben, die Hände … vielleicht auch mal dann die Füße am Boden entlang gleiten zu lassen, einer nach dem anderen … … und der Nachschwingung zu lauschen … auch zu dem tragenden Boden hin zu lauschen … … …

… und dann dehnt ihr mal die Fersen so richtig durch, körperfern, Fersen, die sich vom Körper weg dehnen … und wieder lösen … … und die Fingerkuppen legen sich dann an die Rollhügel, außen … und nochmal ist dieses Gleiten der Beine über die Waden, Zehen nähern sich, entfernen sich, so dieses Begrüßungsspiel … aber diesmal so in den ganzen Beinen im Liegen aus dem Becken heraus … … spürt die Verbindung zum Becken, spürt die Verbindung zum Kreuzbein … spürt die Verbindung zu den Schulterblättern, und spürt die Verbindung zum Hinterhaupt … und wenn es genug ist, dann nehmt es zurück … streicht euch vielleicht noch mal liebevoll aus, wo es sein möchte, wo es ganz spontan geschieht vielleicht auch … … und legt dann auch mal euer Gesäß in eure beiden Hände … die Handrücken liegen auf dem Boden, die Hände öffnen sich, um das Gesäß einfach in sich aufzunehmen … … und schwingt dann wieder mit den Knien so ein wenig seitlich, beide auf die gleiche Seite und spürt so die Veränderung eurer Auflage oder Einlage des Gesäßes in euren Händen … … lasst euch so ein wenig hin und her pendeln … Kreuzbein … Gesäßbacken, Gesäßseiten in den aufnehmenden Händen … ganz weich, ganz leicht, keine Anstrengung und auch nur solange es euch wohltut … und zu eurer Zeit zieht ihr die Hände wieder raus, lasst das Gesäß sich ganz auf den Boden legen, streicht noch mal die Leisten aus … die Beine öffnen sich ein wenig nach außen … ich sag ein wenig, ihr müsst jetzt nicht die Beine nach außen drücken, sondern die öffnen sich, so wie sie sich ganz natürlich öffnen mögen und öffnen können … die Hände liegen auf den Leisten und streichen die Leisten so aus, beinahe auch wie ein Auskreisen der Leisten … … und wenn es euch zuviel ist, so zu liegen, dann kehren die Beine wieder in ihre Ausgangslage zurück, die Knie schauen nach oben … und ihr lasst euch dann ganz weich zu einer Seite hin gleiten, mit dem ganzen Rumpf zu einer Seite gleiten, auch mit dem Kopf und findet eine ganz gute, angenehme, euch bequeme Lage, in der ihr jetzt ein wenig nachruhen könnt … ihr findet einfach im Gleiten eine Lage, in der ihr bleiben mögt …. und ruht … … in der es euch bequem ist … … … …

… … wir finden jetzt einen guten Weg zum Stehen zu kommen, spielt euch da so in diesen Weg hinein … schaut mal, wie geht das … … … … ja und da taucht schon da und dort das kleine Schwingen auf mit den Armen um den Rumpf … und das ist wirklich schön, wenn es so langsam entsteht aus der Stille heraus … ganz leicht … freigebend … … … … … wo es kleiner werden will, ausschwingen will, ja, da schenkt ihr euch etwas zum Abschluss, klopft mit euren geballten Händen eure Pobacken … … Kreuzbein … eine Viertelstunde Pause … Pause nach eurem Geschmack …

Protokoll Herta

Boden

Sehr intensiv. Manches, was ich das erste Mal gemacht habe. Eine starke Stunde. Unter anderem Beziehungen hergestellt vom Schulterbereich zum Kreuzbein, u. ä. … Arme neben Rumpf. Vom Ellbogen frei. Oberarme auf dem Boden. Unterarm und Hand kreisen in der Luft. Ganz toll!
Vorher mal vorne ausstreichen. Brustbein, Schlüsselbeine, Schulterkuppen. Danach Arme neben dem Rumpf – Armrücken, Arminnenseite. Im Wechsel wandern sie am Boden entlang bis neben den Kopf. So bleiben, gedehnt.
Ich habe viel über den Atem gesprochen. Immer wieder Nase.
Auch mal, folgerichtig, Kopf in gefaltete Hände nehmen, bewegen. Dazu Kreuzbein angesprochen. u. v. a. Ruhen.
Zum Stehen kommen. Arme sanft schwingen um Rumpf.
Eine halbe Stunde Pause.

Gespräche immer noch zögernd. Doch trotzdem eine dichte Arbeitsatmosphäre. Zehn Minuten Schweigen.

Einheit 4

Senkt doch mal euren Kopf nach rückwärts ... und dann nach vorne ... und dann geht damit eine Weile weiter, aber sagt euch, der Kopf senkt sich nach rückwärts, ich öffne mich nach oben ... und der Kopf senkt sich nach unten, ich öffne mich nach unten ... das kann auch durch die geschlossenen Augen sein, dieses Öffnen ... öffne mich nach oben, ich öffne mich nach unten ... ... vielleicht auch, ich öffne mich zum Himmel, ich öffne mich zur Erde ... ... vielleicht auch, ich öffne mich zum Licht, und ich öffne mich zum Dunkeln ... ... nehmt es mal zurück ... ...

... und ich sehe wie C. schon einen Weg weitergegangen ist, ich öffne mich mit meinem Gesicht nach oben, nach unten ... und eine Hand oder beide Hände stärken dieses Öffnen zum Himmel, zur Erde, da ist das Gesicht, der Kopf, der sich nach vorne senkt oder nach hinten, und meine Hände, die diesen Blick verstärken ... noch mehr Öffnung geben ... ... die Hände, die sich mitöffnen, die Hände und das Gesicht ... Himmel und Erde ... Licht und Dunkel ... ... ich öffne mich ... ich spüre meine wache, offene Nase ... ... Licht und Dunkel ... ... und wenn es zu Ende geht, findet ihr eine Weise, eure Hände zusammenzulegen, die diese Weise verbindet ... den Raum des Lichtes und den Raum des Dunkels ... ... findet eure Weise, aus eurem Empfinden, aus eurem Erleben heraus ... ... und wenn ihr das zurücknehmt oder gefunden, erlebt habt, dann schauen die beiden Hände noch einmal den Raum des Dunkels an und den Raum des Lichtes, ihr wendet euch nochmal dorthin mit euren Händen, eurem Gesicht, mit eurer Empfindung ... ... mit eurer Hinwendung ... ... ich zwischen Himmel und Erde ... ... und zeigt euch dieses Zwischen, ich zwischen Himmel und Erde ... ich zwischen ... ... ich zwischen ... ... Himmel und Erde ... ... getragen von der Erde, gehalten vom Himmel ... ... offen für den Atem, die Luft ... durchdrungen ... ... wenn ihr euch daraus löst, finden eure Hände ineinander ... ... und auch daraus löst ihr euch ... ...

.... ich begrüße euch herzlich und wünsche uns einen guten Tag miteinander ... gleitet doch hinter eure Sitzbeinhöcker, der Rücken rundet sich in den Hintergrund, und ihr gleitet über die Mitte nach vorne ... und es ist ein Gleiten in den Hintergrund ... und ein Aufgerichtetwerden über die Mitte in die Aufrichtung und das Gleiten in den Vordergrund ... ... hinter die Sitzbeinhöcker, über die Sitzbeinhöcker, vor die Sitzbeinhöcker und zurück den gleichen Weg ... ... nehmt den Hintergrund, gleitet ganz rund nach hinten ... ... richtet euch auf und gleitet ganz weich nach vorne ... ... schaut doch mal, ob ihr begleitet werdet von eurem Atem … ob der Atem sich in diese Bewegung einfügt … der Hintergrund, der runde Rücken, der runde Nacken, also wirklich rund, öffnen … der runde Rücken, der Raum anbietet dem Einatem und die Aufrichtung aus dieser Fülle und das Gleiten nach vorne … das Lösende … im Ausatem … und emporsteigen und wieder in die Rundung … die Öffnung für den Einatem und das Gleiten nach vorne im Ausatem und dann diese Umkehr von einem zum anderen … immer über die Mitte … die wache Nase, die offene Nase … Luft und Atem, die voneinander abhängen … … … und der Ausgangspunkt der Bewegung ist ja immer da unten, wo die Sitzbeinhöcker sind … in diesem Gleiten hinter die Sitzbeinhöcker, auf die Sitzbeinhöcker, vor die Sitzbeinhöcker … … kostet den Hintergrund aus, auch der Nacken gehört in diese Rundung des Rückens, der sich nach hinten öffnet … der Kopf geht keine eigenen Wege, sondern fügt sich da ein … … immer öffne ich mich in den Hintergrund, wage ich den Hintergrund … … der Atem trägt mich auf dem Weg, gibt der Bewegung des Weges ihren Rhythmus … … … nachgiebig in der Bewegung, nachgiebig im Atem … … solange es euch gefällt … … der ganze Rumpf senkt sich nach hinten, nicht nur der Kopf, nicht nur der Nacken, sondern die ganze Wirbelsäule … die sich rundet und wieder aufrichtet, geht mal in eurer Empfindung mehr in diesen Bereich der Wirbelsäule … … und die Wirbelsäule, die sich auch nach vorne freigibt … und das Senken in den Vordergrund … und wenn ich in meiner Wirbelsäule nachgiebig bin, freigebe, dann werde ich in meiner ganzen Person frei … … und diese Nachgiebigkeit ist ein Lassen und nicht ein Tun … … ein Geschehenlassen … … und wenn ihr mal wieder in eurer Mitte sitzt … …. bleibt ihr da und dehnt euch und räkelt euch … ja alles was da kommen mag aus euch … an Befreiung … was darf jetzt sein, was soll jetzt sein … … … und lasst euch stöhnen, wenn euch danach ist und wenn es kommt … … das Dehnen, das den Einatem ruft, Raum gibt und der Ausatem, der sich dann ablöst … das Stöhnen bringt vielleicht Seufzer … wie wenig lassen wir uns stöhnen und seufzen meistens, erlauben es uns … und das Gähnen, und hier brauchen wir nicht die Hand vorhalten … … gut … … …

… dann kommt ihr mal zum Stehen zu eurer Zeit, wenn ihr soweit seid … ja da kommt erst einmal so ein kleines Wippen … die Knie geben nach, die Fußgelenke, die Hüften geben nach … ihr wippt euch so ein bisschen durch … ja, und spürt, was das mit euren Schultern macht … was es mit eurer Zunge macht … mit eurem Gesicht macht … der Zungengrund, die Kehle … … und je mehr ihr es lassen könnt, zulassen könnt, je weniger es so aktiv ist, desto mehr Gewinn werdet ihr davon haben … es erlauben … … wenn es langsamer wird, weniger wird, aufhört, dann spürt ihr eure Füße gut auf dem Boden, euren Stand … ihr spürt nochmal in euren Gelenken nach, die Knie, die Fußgelenke, die Hüften … vielleicht nochmal die ganze Wirbelsäule nach oben, über das Kreuzbein, Lende, Wirbelsäule, Brustwirbelsäule, Halswirbelsäule, Schultergürtel … alles ist in einer leichten, lösenden Bewegung … im Stand … durch eure ganze Wirbelsäule in den Schultergürtel hinein … der Nacken wird nochmal deutlich … der Kopf auf dem Nacken … ja und dann kommen fast von alleine die schwingenden Arme … … wieder taucht Gähnen auf … die Füße auf dem Boden sind deutlich … … und es schwingt aus mit der Zeit … ihr klopft dann nochmal euer Gesäß aus, liebevoll, freundlich … … das Kreuzbein, wenn ihr das Kreuzbein klopft, dann geht mit euren Knien ein wenig nach vorne, senkt eure Knie, dann ist es noch wirkungsvoller … … spürt auch, wann es reicht …

… und kommt dann zum Sitzen … die Hände liegen auf den Oberschenkeln, jetzt kommt etwas ganz, ganz Einfaches … und zwar die Hände öffnen sich, weiten sich dabei natürlich ein wenig und kehren wieder zurück an ihren Ausgangsplatz … entweder auf den Oberschenkeln oder zwischen den Oberschenkeln … ein Öffnen, ich öffne mich in meinen Händen … und ich kehre wieder ganz zu mir zurück … ich öffne mich und ich kehre wieder zurück zu mir … und das bin immer ich in meinen Händen … nicht meine Hand streckt sich aus oder so, sondern ich öffne mich und im Öffnen werde ich ja weit … ich öffne mich in meinen Händen, die Hände werden weit und **ich** werde weiter … und ich kehre wieder zurück … und ich werde weit, nicht weil ich mich weit mache, sondern die Öffnung lädt den Atem ein, und im Atem kann ich weit werden … und der Atem schwingt zurück, und ich kehre zu mir zurück … ich bin ganz in meinen Händen in der Empfindung, im Öffnen und im Zurückkehren … mein Atem sagt mir, jetzt ist wieder das Öffnen dran … … … die Bewegung des Öffnens der Hände lädt ein, lädt die Weite ein, lädt den Atem ein zu kommen, das Zurückkehren lässt den Atem zurückschwingen in den Ausatem, aus der Weite heraus zur rechten Zeit öffnet es sich wieder, bis so die Bewegung, Atem, Hände ganz selbstverständlich eins wird … … meine Hände rufen den Atem, und der Atem trägt sie in die Bewegung … … und mittendrin ist die offene Nase … … die Hände weiten sich … ich werde weit in den Händen … die Hände lösen sich und kehren zurück … die Bewegung wird vielleicht mit der Zeit größer … die Möglichkeit des Weitwerdens vergrößert die Bewegung … der Atem wird kraftvoller, tragender, trägt mich in eine weitere Bewegung, größere Bewegung, größere Öffnung … … aber nicht, weil ich sie so groß will, sondern, weil mein Atem sie weitet … mehr Größe, Weite schenkt … die Hände und die Arme werden eins … die Weite in den Händen, die die Arme mitnimmt … öffnet, mich öffnet, mich weitet und immer ist der Öffner der Rhythmus meines Atems … das Kommen, das Weitwerden, das Gehen, das Zurückschwingen … ein Spiel meines Atems in meinem Körper … … lasst euch bewegen, gebt nach, lasst euch in die Bewegung tragen … Bewegung ganz in der Verbindung mit dem Atem … eure Freiheit … Atem, Bewegung, Empfindung … getragen sein, sein dürfen … … weit werden dürfen … öffnen, sich öffnen … ja …

… und da taucht auf einmal auf, und ich sehe das schon, ich öffne mich zum Himmel … kehre zurück dann zu mir … ganz zu mir selbst … und öffne mich zur Erde … … ich werde weit, tief und hoch … der Atem schenkt mir Raum dahin, wo ich mich öffne … zur Erde zum Grund … immer Raum und Einatem, Einatem und Raum … dahin, wo ich mich wende, je nachdem, ob ich mich zum Himmel wende oder zur Erde wende … mich im Zwischen fühle … in dem Zwischenraum … die Hände sind weit, die Arme werden weit, soweit es eben aus mir kommen kann … und ich kehre zurück in dieses Zwischen zu mir … dann geht wieder zu dem Grund … in die Weite, in die Öffnung … der Raum des Grundes … … … bis es sich von selbst ablöst, ihr euch davon trennt und nachspürt … eure Zeit, lasst euch Zeit … … … …

… lasst euch kreisen im Rumpf … … … vielleicht spürt ihr eure Sitzbeinhöcker, kreist um die Sitzbeinhöcker außen herum … die Bewegung, die ganz da unten beginnt und durch euch durch schwingt … einfach spüren wie ist das? Füße auf dem Boden … … wir sind jetzt in diesem Kreisen ganz so in der Mitte im Zwischen, das wir vorhin erlebt haben … Raum oben, Raum unten, hell, dunkel und jetzt sind wir so ganz im Zwischen … unseres Körpers, unseres Atems … in diesem Zwischen … spürt doch mal, ob euer Atem in das Kreisen einfließt …. ob dieses Kreisen Einfluss auf euren Atem hat … und ob der Atem sich da hineinfügt … ob er dieses Kreisen innen begleitet … ein Atemkreis … ein Bewegungskreis … ein Atemkreis … … … ein Kreisen außen und ein Kreisen innen … der Körper, der Atem … und strengt euch nicht an … es geschieht … ihr geht mit … ihr lasst euch tragen … und ihr spürt auch, wie lange mag ich es, wie lange kann ich es … es geht nicht darum, es von außen zu erfüllen, von innen vielleicht, ja … vielleicht taucht ein ganz kleines, sanftes Lächeln in eurem Gesicht auf … der Kreis, die Weite des Kreises … die Rundung des Kreises … alles in mir … mit mir … und irgendwann spüre ich, es ist genug, und lasse es zu Ende gehen … es schwingt in die Ruhe ein … … … …

… ich spüre wieder meine Sitzbeinhöcker, ich gleite in den Hintergrund hinter sie … wieder rundet sich mein Rücken, meine Wirbelsäule … meine Hände liegen auf dem Unterbauch … ich gleite hinter meine Sitzbeinhöcker, der Rücken rundet sich und dann kommt der Einatem, füllt den Rücken … und dann kommt der Ausatemstrom, der mich aufrichtet … also, ihr gebt einen kleinen Druck eurer Hände auf den Unterbauch, ganz unten über dem Schambein … und gebt dem Ausatem eine kleine Verstärkung … ihr gleitet in den Rücken hinter die Sitzbeinhöcker, der Rücken rundet sich, es gibt Raum für den Einatem und dann kommt HU … der Ausatemstrom, der durch euch durch von unten, wo die Hände sind … durch euch durch nach oben strömt und durch euren Mund ausströmt … also ihr gleitet zurück, rundet den Raum, der Atem nimmt sich den Raum … ich gebe Widerstand da unten und HU – lasse mich von diesem Strom … es dauert eine Zeit, bis er wirklich gefühlt wird … und lasse mich von diesem Strom hochtragen ... durch meine Wirbelsäule, die gerundete Wirbelsäule wird emporgetragen ... ... dass der Ausatem ein Strom wird, dazu müssen die Lippen sich gut aneinander legen, ihm Widerstand geben ... sonst kann es kein Strom werden ... ... zurückgleiten, der Einatem ... und der Ausatem steigt aus der Tiefe empor, durch euch durch ... ... strömt aus dem Mund aus ... lasst euch Zeit, geht damit um ... es kann auch sein, dass ihr mehr Widerstand schaffen könnt am Unterbauch durch eure Fingerkuppen ... also, dass müsst ihr selber sehen, entweder die ganzen Hände oder es sind die Fingerkuppen, die da einen gewissen Druck dem Ausatem geben ... dass das Strömen noch leichter strömen kann ... ... der rundende Einatem, der aufrichtende Ausatem, es ist sehr anders, als wir es oft gewöhnt sind ... der rundende Einatem ... der durchströmende, nach oben strömende, mich durchströmende Ausatem ... ganz weich wieder nachgeben, keine Arbeit, nachgeben in den Hintergrund, Raum entstehen lassen, Atemraum ... im Ausatem Druck, Schubkraft geben, dass er nach oben strömen kann durch euch durch, durch den Mund ... ... und ihr spürt ja, wie nach dem Ausatem ... wie das nicht gleich geht, wieder zurückgleiten ... immer eine Pause im Atem entsteht, bis der neue Einatem mich wieder einladen kann, in den Hintergrund zu gleiten ... ... nach dem Ausatem kommt Pause, wenn ich mich gelöst habe in diesen Ausatem ... dann kommt ganz von allein wieder das Rundwerden, der Einatemraum ... und von unten her aufgerichtet werden ... ... von unten her emporwachsen, aufgerichtet sein ... und der Hintergrund rund im Einatem ... und der Ausatem trägt mich empor ... ... und vielleicht löst ihr euch jetzt auch schon einmal daraus ... es ist damit vielleicht für heute genug mit dieser einen Übung ... wir werden da noch wieder hinschauen neu ... auch ein Stück Einstellung und Umstellung ... ganz dicht am Atem ... lasst es nachwirken, spürt nach ... etwas ist auf jeden Fall geschehen ... ...

... und jetzt lasst euch summen ... lasst euch summen und geht dabei ganz in eure Empfindung ... was geschieht, was passiert dabei? ... ... vielleicht taucht dabei eine ganz leichte Schwingung in euch auf ... alles, was da kommt, ist gut ... ... und auch wieder in welchen Tönen fühle ich mich wohl, was kommt aus mir? ... ... Klang in mir, Klang um mich herum, Klangräume, Klangraum .. .. ich lausche mir, und ich lausche dem Klang um mich herum ... ... lasst euch den Klangraum, die Klangräume fühlen, innen wie außen ... nehmt eure Hände zum Spüren dazu ... ... Klangraum in mir ... Klangraum um mich ... lauschende Hände, spürende, begleitende Hände ... mein Klang, der nach außen dringt, eure Klänge, die zu mir dringen ... Klang und Strom begleitende Hände ... Bewegungen ... Klang in mir, ganz für mich ... Klang ganz nach außen ... Klangbett ... ...

lasst euch ruhen am Boden.

Protokoll Herta

Es war eine voll gelungene Stunde.
Stille. Kopf nach hinten senken, nach unten. Kopf nach vorn senken – nach hinten. Gesicht schaut nach oben – Himmel, Gesicht schaut nach unten – Erde. Hände schauen mit. Raum oben, Raum unten.
Jetzt erst Begrüßung.
In den Hintergrund gleiten, Sitzbeinhöcker, hinter sie, über Mitte, vor sie. Lange. Arbeit.
Hände auf Oberschenkeln. Öffnen sich nach vorn und legen sich wieder ab. Atem? Einige Zeit. Je mehr ich mich öffne, desto weiter wird langsam die Bewegung, freier, offener.
Hände frei zum Himmelsraum, zum Erdraum. Immer über das „Zwischen". Ich, mein Leib. Also Himmelsraum, Zwischen, Ich, Erdraum. Himmel, Erde, Zwischen. Eines in das andere.
Hände auf Unterbauch. Hintergrund, runder Rücken, Atem. Hände oder Fingerkuppen Druck auf Hara, Ausatem durch Mund strömen lassen, richtet auf, Ausatem Strom, Kraft.
Lasst euch summen. Viel gesprochen dabei. Innenraum, Außenraum, Klangräume, Atemräume, Hände lauschen, begleiten eigene Töne. Räume – Klänge fließen ineinander. Wunderbarer Klang.
Ruhen, Pause.
Gespräche werden immer interessanter, wie kann man diese Arbeit verstehen? Keine Anleitung, wie der Atem sein muss oder soll. Es geht weiter.

Einheit 5

Wir machen eine Stunde mit der Stimme – und wir fangen auch gleich damit an und zwar LA ... LA LA LA ... LA LA also bitte ... LAAAA ... LA LA LA LA LA ... LAAAA ... ... LA ... LA ... LA LA LA ... . LA ... LA LAAAA ... ... wenn es ausgeklungen ist, dann macht es nochmal ohne Ton, im Ausatem ... ... dann streicht ihr euer Gesicht aus, um die Kiefergelenke herum, um den Mund, der sich ausgebreitet hat und geweitet ... die Zunge streckt sich manchmal ein bisschen heraus, ja, fällt beinahe aus dem Mund heraus ... LA ... die Hände liegen auf den Wangen und die Zunge fällt aus dem Mund ... ...

... dann schwingen die Arme so ein bisschen nach vorne, nach hinten ... schwingen dieses LA noch mal so ganz raus aus uns ... LA ... ... und lasst euch gähnen, fragt, wie ihr das ein bisschen einladen könnt, dass das Gähnen kommt ... ... wie dürfen gähnen, ohne die Hand vor den Mund zu legen ... ... lasst es noch so ein bisschen in euch nachwirken, schaut was ist da geschehen dadurch

... wenn noch mal ein Gähnen kommt, dann lasst es kommen – jedes Gähnen ist kostbar ... ...

... jetzt habt doch mal den Mut, euer Gesicht nicht wahren zu müssen, sondern irgendwelche Grimassen ... die kommen in euer Gesicht, lasst sie kommen ... Grimassen ... ... alle Schönheit mal zu vergessen ... ... und ab und zu fällt noch mal die Zunge halb raus ... ... und dann wenn es genug ist, dann streicht ihr euer Gesicht, das Grimassen-Gesicht kommt wieder in eine schöne Form ... kehrt wieder in seine Schönheit zurück ... ... dann zupft ihr auch mal so ein bisschen an eurem Mund, die Lippen, mal so um den Mund herum zupfen ... ... BRRR ... BR BR ... BR ... BRRRRR ... ... BR BR BR BR ... auch an den Wangen könnt ihr mal zupfen ... hört mal auf mit dem BR und zupft euch die Wangen aus, und dann fangt ihr nochmal mit dem BR an ... BR ... BRRRR ... BR BR BRRRR ... ... und wenn ihr spürt, es ist genug, dann ist es auch genug ... und dann legt ihr euer Gesicht in eure Hände und ruht ein bisschen in eurem Gesicht ... vielleicht kommt noch mal ein Gähnen ... ... und spürt doch mal, wie euer Ausatem sich jetzt befreit ... das Gesicht in den Händen ... wie der Atem euch löst, die restlichen Spannungen aus dem Gesicht herauslöst ... der stillere Ausatem, nicht das BR, sondern das Ausgießende, Ausströmende ...

... schiebt doch das Kinn noch so ein bisschen seitlich hin und her ... ... hin und her, frei ... das muss gar nicht so lange sein, bis ihr erfahren habt, was das bewirkt ... ... und da taucht vielleicht noch mal ein Gähnen auf ... und dann senkt sich noch mal der Kopf und der Nacken senkt sich, und ihr wandert so mit dem Kopf von einer Seite zur anderen ... der hängende Kopf ... vom Nacken her befreite Kopf ... befreites Hinterhauptsloch, befreiter Hinterhauptsansatz ... ... immer wieder taucht ein Gähnen auf, soviel Gähnen ist in uns verboten und verhindert ... ...

... und danach ziehen sich die Schultern hoch zu den Ohren ... Verbindung zwischen Rumpf und Kopf ... deutlich ... der Mund ist ganz frei und gelöst, wieder taucht der Zungengrund und die Zunge auf ... ...

... und danach streicht ihr euren Brustkorb vorne aus ... ... Brustbein ... Rippen ... die Brüste ... ... dann hängen irgendwann die Arme wieder, und es ist so ein ganz zartes Schwingen aus den Schultern heraus, aus den Schulterkuppen, im Gegensinn ... ganz leicht, ganz liebevoll, ganz schwingend ... ihr spürt, wie die Bewegung aus den Schultern kommt, nicht von unten ansetzt, sondern aus den Schultern freigegeben ... ja, und immer wieder ist es eine Einladung für den Atem, immer wieder taucht er da und dort auf ... frei gegeben, nicht angeregt oder befohlen, sondern frei gegeben ... ... die Arme hängen ja noch, und ihr senkt euch ein mit einer Schulter nach unten, der Arm senkt sich, die Schulter senkt sich nach unten und der Kopf geht mit ... und über die Mitte dann ganz in eurem Rhythmus zur anderen Seite ... ihr werdet euch eurer

Halsseiten auch bewusst … der Mund ist gelöst … und ihr spürt dieses Senken zu den Seiten, wie die Schwere wirkt, euch zu senken hilft … wie auf einmal die Fußsohlen auf dem Boden deutlich werden … vor allem auch diese eine Fußsohle auf der Seite, auf der ihr euch senkt und auch diese eine Gesäßseite, der Sitzbeinhöcker deutlicher wird … … ganz lassen, ganz der Schwere sich übergeben, der Schwere, ja, überlassen … zurückkehren in die Mitte, die andere Seite und wieder ist der Kopf schwer, die Schulter ist schwer, der Arm ist schwer … wir geben nach … … wir spüren, dass wir gehalten werden, dass wir nicht umfallen müssen … und auch dieses Forschen, das muss man nicht gleich wissen, warum … aber forschen, wieso denn eigentlich? … … was hält mich denn? … … solange es euch wohltut … solange ihr auch noch forschen wollt … … ja, die Bewegung wird kleiner …. kleiner … bis sie irgendwann in der Stille in der Aufrichtung … landet … …

… wenn ihr da seid, dann streicht ihr mit den Händen über euren Bauch … ladet euch ein, unter eure Hände zu kommen in eure Empfindung, euch dahin sammelt … alles was war … es ist so ein bisschen, als wenn ihr alles dorthin sammelt … vielleicht streicht ihr von oben, also von den unteren Rippenbogen hinunter über den Nabel, zu den Leisten, zum Schambein … dieser Weg von oben, von der Mitte oben den Bauchbereich runter … zum Schambein … der Brustkorb ist jetzt gar nicht dabei, nur der Bauch … … und dann legen sich die Hände zwischen die Oberschenkel … ihr spürt nach, was ist geschehen? … … … …

… kommt zum Stehen … die Hände liegen so unterhalb der Leisten, und ihr streicht so die Innenseiten der Oberschenkel entlang nach unten … diesen Weg Unterbauch, Leisten zu den Knien … Innenseiten der Oberschenkel … und ihr streicht so runter und da unten in den Knieinnenseiten, da springen die Hände so ein bisschen weg … da kommt ein kleiner Schwung … geht da noch ein Stückchen weiter, und wenn euch das ganz bewusst geworden ist, geht den Weg runter und dann kommt … dann atmet ihr ein W aus … W W W … … … W … es ist wie so ein Hund – ein Bellen, was er noch nicht richtig rauslässt … W … W … durch die Mitte durch … es ist eine Bremse in den Lippen … da muss es durch … W … W … bis ihr genug habt … und dann streicht ihr noch mal liebevoll euren Bauch … über die Beckenkämme zurück zum Kreuzbein und wieder über die Beckenkämme zum Bauch … der ganze untere Raum, aus dem das W herauskam … … kneift euch dann auch mal so ein bisschen in den Bauch hinein … Bauchmuskulatur, in die ihr ein bisschen hineingreift … … und streicht noch mal drüber dann und lasst die Hände ruhen … zwischen den Oberschenkeln, sie hängen da einfach …

… noch mal ladet ihr das Gähnen ein, der sich öffnende Mund und der Einatem, der in den offenen Mund an der Rachenrückwand anschwingt … der Einatem, der an der Rachenrückwand anschwingt, es kann auch stoßweise sein, es muss nicht in einem sein … vielleicht begleitet ihr diesen Weg des Atems, des Einatems in euch mit den Händen … und auch den Ausatem … … spürt auch gut, wann es genug ist … … …

… und jetzt kommt was ganz Ähnliches und doch ist es sehr anders, und zwar ist es wieder das LA, aber ohne Klang, ohne Ton, einfach, indem ihr euch öffnet für dieses LA … und es durch euch durch schwingen lasst … … und begleitet doch mal dieses LA auch mit der Bewegung eurer Hände … … das LA will einen offenen Mund … ein offener Mund, dass es ein richtig rundes LA werden kann … die Kehle ist gelöst, die Zunge ist gelöst, der Zungengrund … die Kiefergelenke sind gelöst, der Kiefer kann nach unten fallen … und wenn es ganz ausgeschwungen ist, dann ist ja erst mal ein bisschen Pause – dann kommt der Einatem wieder und den nehmt ihr, dem gebt ihr Zeit und Raum, also dieses LAAAA … … und eure Hände nehmen auch den Einatem in sich auf … LAAAA … … die weiche, breite, gelöste Zunge … es beginnt mit dem L … der Einatem schenkt sich danach, wir brauchen gar nichts tun … er kommt von alleine … … bis es euch reicht … … …

… noch mal bewegt sich danach der Unterkiefer seitlich hin und her … die Kiefergelenke geben nach … ein paar Mal … und dann kommt noch mal zwei-, dreimal dieses LA … Raum des Einatems … Einatem durch die Nase … die Luft strömt in die Nase ein … … danach streicht ihr wieder ganz liebevoll um euren Oberbauch … über den Magen, über das Zwerchfell, zu den Flanken … sehr liebevoll, weich … und doch spürsam, spürbar … die Flanken, die Seiten … auch hinter in den Rücken, in die Nierengegend, auch da liebevoll, beschützend, euch wohltuend … … und immer wieder eure Zeit, euer Maß … … …

… ich erinnere euch noch mal an gestern, als wir mit der Hand vor der Nase vorbeigezogen sind, wir haben es dann mit beiden Händen gemacht … eine Hand vor der Nase … sie wandert wieder nach unten, die andere Hand löst sie ab … und immer so dieses Ich-wehe-Luft-in-meine-Nase, die Hand kreist, legt sich wieder ab, und die andere Hand weht Luft in meine Nase … … Abstand, aber auch nicht zu weit der Abstand, so dass ihr schon die Luft dieser Bewegung spürt … die Nase, die sich öffnet für die Luft, sie einlässt, und ihr spürt wie diese Luft, die durch die Nase einströmt, in euch Platz nimmt … schaut eben wo, aber sie nimmt Platz, wenn ihr sie lasst, und ihr spürt nach, wie ist es – auf einmal wird Luft Atem … die beiden Hände lösen sich ab in einen Kreis und das Zentrum ist immer der Weg über die Nase … das Kommen der Luft, das Gehen … der Ausatem … das Kommen, gefüllt werden im Atemraum innen … die einströmende Luft erfüllt den Raum, zeigt, öffnet … … spürsam geht ihr diesen Weg, den Weg … die Bewegung der beiden Hände, der beiden Arme, findet immer mehr so in eine Einheit … als Spiel, als Schwingung, eines löst das andere ab … keine Trennung mehr … das Empfangen, das Öffnen, das

Abfließenlassen in die Tiefe ... ... solange es euch gefällt ... ... bis ihr in die Ruhe kommt, die Bewegung reicht und in die Ruhe geht ... ...

... die Nase bleibt noch wach, spürt immer noch diese Luft in eurer Nase ... ... und da taucht noch mal zum Schluss das LA auf ... LAAA ... das Empfangen des Einatems ... und erinnert euch an eure Nasenlöcher, die Luft und der Einatem ... das LA, der Ausatem ... ... und wenn es in euch nachgeschwungen ist, dann lasst ihr euch ruhen auf dem Boden ...

Protokoll Herta

Hocker. Stimme. Eine freudige, dynamische Stunde. Sehr bewirkend. Vor allem ging es um Befreiung und Lösung, Gesicht, Mund, Kehle, Zunge.
Zuerst la – lalala. Viel später noch einmal la, aber ohne Klang. Hände folgen, begleiten. Und so die ganze Stunde in dieser Weise.
Brr brr brr Grimassen
w w w
Gesicht, Nacken usw.

Einheit 6

Lasst euch sanft über euren Hocker schwingen ... ... lasst euch spüren, wie die Nase immer wacher wird ... angeregt durch die Schwingung ... ... löst euch in eurem Gesicht ... ... bis es gut ist, bis ihr davon satt seid ... ...

... und ihr streicht euch danach euren Bauch aus ... ihr ladet euch ein, euch zu sammeln in euren Bauch ... ... mal zu den Beckenkämmen über den runden Knochenrand ... ... und dann greift ihr auch mal zum Kreuzbein, streicht es ein wenig aus, wärmt es ... ... und schmiegt euch dann ein wenig in eure Hände hinein mit dem Kreuzbein ... das heißt, ihr gleitet ein ganz klein wenig hinter eure Sitzbeinhöcker, es wird rund im unteren Rücken ... ihr schmiegt euch da hinein ... in die Hände, und es richtet sich wieder auf ... hin und her ... ein Streichen, ein Einschmiegen in die Hände ... und ein Zurückgleiten in die Aufrichtung ... ein kleines Spiel ... ... der untere Rücken, der sich rundet nach hinten ... ... die streichenden Hände über dem Kreuzbein ... einschmiegen in die Hände ... es muss garnicht lange sein – es einfach mal so erfahren – und dann streicht ihr über die Beckenkämme ... dann liegen die Hände auf den Oberschenkeln, können auch über sie streichen, bis sie dann in Ruhe da liegen werden ... ...

... ich bin da – zeigt das – ich bin da ... zeigt es euch, zeigt es der Gruppe ... ... ich bin da ... ... zeigt es ... findet eine Weise, das deutlich zu machen ... ... wagt es, euch zu zeigen ... ich bin da ... ... zeigt es euch ... zeigt es uns ... ... zeigt es euch selbst ... ... zeigt es der Welt ... ... ich bin da

… … zeigt es euren Nächsten … … … ich bin da … … und zeigt es euch selbst … … … …

… eure Hände finden zu eurer Zeit zu eurer Sonnengeflechtsmitte … streichen rüber zu den Flanken … eure Mitte … und zurück zu den Nieren … und streichende Hände sind ja immer einladende Hände, rufende vielleicht, rufen: komm, sei bei mir, sei unter meinen Händen … rufen euch selbst … ganz in eure Mitte hinein … … und dann bleibt eine Hand richtig auf der Mitte, auf dem Sonnengeflecht, auf dem Nabel vielleicht auch … … und ihr formt jetzt mit dem Mund ein O und wartet ein bisschen, übergebt dieses O dem Atem … es klingt am Anfang noch nicht, ihr formt es erst einmal, macht euch bekannt damit, dann, wenn ihr spürt, dann kann es anfangen zu klingen … O … … die Hand löst sich vom Sonnengeflecht, beide Hände sind in der Luft nehmen das O auf, sie spielen mit diesem O … …. … auch das sagt: ich bin da … … … … … hört mich, ich bin da! … … … und irgendwann klingt es aus in einem Summton … in Summtönen … und immer noch: ich bin da … … und wieder sammelt ihr euch in eure Mitte … … …

… lasst euch kreisen mit dem Rumpf … … durch den Hintergrund, durch die Seiten, den Vordergrund … und gebt eure Arme frei, die Hände lösen sich von den Oberschenkeln, die machen nicht von sich aus was, die werden einfach mitgenommen in die Schwingung eures Rumpfes … … es kommt aus euch ganz selbstverständlich, aus der kreisenden Bewegung, ein Befreien der Arme … und sucht gar nicht, was habe ich gelernt, einfach nur kreisen, die kreisende Bewegung, was machen meine Arme, wie geht es denen? … ihr kreist in eurem Umfeld … durch euer Umfeld … die Schwingung des Kreisens schenkt alles andere dazu … da ist das Kreisen des Körpers, da ist das Kreisen des Atems … der Atem, der die Kreisbewegung begleitet, der sich einfügt, einfüllt, einschwingt in die Körperschwingung … und dem lauschen, ist es möglich oder zeigt es sich noch nicht … mitgehen … lasst euch tragen, lasst euch immer mehr in dieses Spiel der Bewegung tragen … und es kommt mir so, wenn ich da oder dort hinschaue, ein bisschen wie die Windräder, die vom Wind getragen werden in die Bewegung … … ja, sie lassen sich bewegen, wir lassen uns bewegen … und es gibt kein falsch und kein richtig … es ist jetzt meine Weise, ich bin so da … der Wind in mir … der Wind um mich, die Luft um mich … bis es ausschwingen will … ausschwingen … auch das ist immer noch in Verbindung mit dem Wind … durch mich schwingt es aus … bis ihr entlassen seid sozusagen … …

… und wieder: ich bin da, ich bin da, ich zeige mich … … ich bin da … zwischen Erde und Himmel … ich bin da … ich bin da zwischen Himmel und Erde … zwischen Erde und Himmel … ich bin da … ich bin da … … ich zeige mich mir, ich zeige mich der Welt … … zwischen Erde und Himmel … ich bin da … ich bin da, wie ich bin … ich darf sein … ich zeige mich mir, und ich zeige mich der Welt … so, wie ich bin … … … … zu eurer Zeit streicht ihr nochmal liebevoll über eure Mitte, über das Sonnengeflecht … über den Magen, über die Flanken zu den Nieren … es ist mehr so ein Fragen … meine Hände … ein liebevolles euch bedenken … sein … … … ihr spürt dann nach … und seid geduldig mit euch … nichts muss sein … das was ist, das ist …

… und wenn ihr bereit seid, kommt ihr zum Stehen … die Füße sind im Abstand … und wieder ist es ein Wippen … ihr erlaubt es, dass es geschieht … die Füße sind in einem guten Abstand, nicht zu nah, nicht zu weit … lasst dieses Wippen ganz durch euch durch wirken, es bleibt ja nicht da unten an den Beinen … und ihr braucht oben nichts zu machen, es wird euch alles von unten geliefert … keine Arbeit … einfach leicht wippen und durchwirken lassen … das Wippen weiß es am besten … einfach spüren, was macht es, wenn ich mal direkt meine Intention sozusagen abgebe … weich … die Knie sind gelöst … Fußgelenke … das Becken … ja, und wenn es dann genug ist, hört wieder auf … und die Arme fangen an, leicht zu schwingen um den Rumpf … vielleicht auch während des Wippens noch ein wenig … dann wird es ruhig und die Arme schwingen … gebt sie frei, sie werden nicht dirigiert, sondern einfach freigeben, Schultergürtel freigeben, vielleicht schon durch das Wippen gelöst … und jetzt aus diesen gelösten Schultern heraus schwingen … ja … da taucht vielleicht auch nochmal ein klein wenig Wippen auf, ganz nach eurem Gusto … ja … noch mehr lassen … noch mehr abgeben … einfach nur die Arme schwingen … wieder solange es euch gefällt … es schwingt aus … ja … danach klopfen wir ein bisschen unser Gesäß … … …

… ein Letztes … da ist wieder das O und es klingt aus in Summen … also sind wir beim OM … O – und es klingt aus in Summen … die Hände können frei sein, seid wie ihr seid … auch das sagt am allermeisten: ich bin da … … und wo es sein mag, lasst eure Hände frei, gebt sie frei … in diesen Klang, in diesen Ausatem … … … … … … … … … … … lasst euch ruhen …

Protokoll Herta

Stille. Sanftes Schwingen.
Ich bin da. Das hat sich entwickelt, bis am Schluss es endete mit OM
Es wurde die tiefste und anrührendste Stunde für alle. Eigentlich wäre es genug für diesmal.

Einheit 7

Boden

Bleibt mal sitzen, streicht mal eure Beine durch zu den Füßen, Fußsohlen ... die Wölbung, die Rundung ... die Zehen sind bei den meisten kalt ... also wärmt eure Zehen ... ja, und ihr neigt euch mal mit dem Kopf zu einem Bein, nichts zwingen, einfach weich – wo ich lande, da lande ich eben ... man muss das nicht ganz nach unten bringen, sondern weich durch euch durchgehen, nachgiebig sein und schauen, wie geht es ... ... dann könnt ihr den Kopf auch mal zwischen die Beine in Richtung Boden lösen, senken ... und dann streicht ihr zu eurer Zeit eure Beine aus ... so ein bisschen massieren ... ... um die Gelenke herum, die Oberschenkel ... ... ja und dann kommt ihr mit dem Rumpf wieder ein bisschen nach unten, lasst euch ein bisschen nach unten, beinahe wie ein Wippen mit dem Rumpf, abgeben während des Wippens ... und noch mal über ein Bein, das andere ... und danach streicht ihr auch über euer Gesäß, greift auch so in die Gesäßmuskulatur hinein manchmal ... und irgendwann senkt sich der Rumpf noch einmal nach vorne zum Boden ... und dann legen sich mal die Hände in die Mitte zwischen den Beinen, ganz nah am Beckenboden und streichen am Boden entlang, so weit es geht ... es beginnt immer mal wieder oben vor dem Beckenboden, streicht am Boden aus ... ja ... ...

... und danach, wenn ihr euch davon trennen könnt, dann setzt ihr euch so, dass eure Hände hinter dem Gesäß sich abstützen, und ihr lasst euch einfach ein bisschen mit dem Gesäß auf dem Boden „rumschockeln" ... ganz leicht, ganz nachgiebig, alles, was da möglich ist ... und danach ist wieder das Begrüßungsritual ... hallo, hallo ... ... ja und da taucht schon wieder hier und da das Gähnen auf ... solange es euch Freude macht ...

... und wenn es genug ist, lasst ihr euch mit dem ganzen Rumpf auf dem Boden nieder, mit dem Kopf ... ... und ihr versucht, euch dem Boden abzugeben ... die Fersen, die Waden, die Oberschenkel, das Gesäß ... der Rücken, da wo er wirklich aufliegen kann ... Schulterblätter, Kopf ... und die Arme ... ... die Unterarme und die Hände heben sich vom Boden ab ... Oberarme und Ellbogen bleiben da noch liegen ... heben sich ab, steigen in die Höhe und legen sich auf der anderen Seite zum Kopf hin, so, wie es eben geht, so nieder, wie es eben sein kann ... das spürt ihr eine Weile, und dann kehrt ihr wieder zurück ... und das darf so ein paar Mal sein, empor steigen, die Oberarme bleiben am Boden liegen, das ist wichtig ... und zum Kopf hin, Richtung Kopf wieder abgeben zum Boden ... auch da so eine Weile bleiben, um zu spüren, was passiert da mit mir ... und dann geht ihr euren Weg in eurer Weise wieder zurück ... ... und dann, wenn die Arme mal wieder neben euch liegen, neben dem Rumpf liegen, dann bleiben sie da eine Weile wieder liegen, ihr spürt nach ... ...

... ihr legt eure Arme ausgestreckt neben den Kopf nieder ... schaut einfach mal, geht es, oder geht es nicht im Moment ... und wo es nicht geht mit dem Niederlegen wirklich, da bleibt ihr trotzdem so eine Weile, auch wenn die Arme vielleicht noch ein bisschen in der Luft sind, und seid ganz nachgiebig, vielleicht tut es auch ein bisschen weh da oder dort, geht ein bisschen durch diesen Schmerz durch, lasst ihn ein bisschen sein ... geht durch ihn durch, geht nicht gleich weg davon ... gebt euch auch so ein bisschen Dehnung, vom Körper weg ziehend ... und geht aber dann ganz mit euch, wann ist es genug, und legt die Arme dann wieder zurück neben den Rumpf ... es ist sehr schön, wenn wir das machen können mit den Armen, die am Boden entlang einen Kreis machen, aber ich glaube, wir stoßen zu sehr aneinander an ... wenn ihr dann wieder am Boden gelandet seid neben dem Rumpf und eine Weile wart, geht ihr mit den Armen noch einmal ganz über die Höhe ... zur Decke hingerichtet zurück und legt sie, gebt sie wieder ab ... spürt, wo ist vielleicht Spannung? ... was mache ich mit der Spannung, wie kann ich die Spannung vielleicht ein bisschen lösen? ... wenn ich jetzt nicht die Hände zur Verfügung habe, was löst mich aus der Spannung heraus? ... und zu eurer Zeit wandert ihr wieder mit den ausgestreckten Armen über die Höhe, über euch, und legt sie wieder neben den Rumpf, mit ein bisschen Abstand zum Rumpf ab ... ... dann legt doch eure Hände auf den Leib und spürt nach – spürt, was ist unter meinen Händen ... geht in eurer Empfindung ganz unter eure Hände, in den Leib hinein, was ist da? ... ... und noch einmal wandern die Arme über den Körper in großem Bogen nach rückwärts ... und ihr schaut mal, wie geht es mir denn jetzt? ... ist es immer noch so wie am Anfang? ... hat sich vielleicht ein bisschen was verändert? ... ohne dass ich darunter wippe oder was zwinge, einfach indem ich genau so nur runter gehe und warte, was geschieht ... und dann zu eurer Zeit kommt ihr mit den ausgestreckten Armen über euch zurück, gebt die Arme ab, neben euch ... dann bleibt ihr eine Weile so ... wer schon die Füße anstellen will oder fühlt, es ist mit besser, wenn meine Füße aufgestellt sind, der stellt sie einfach an ... ...

... und nochmal erinnert euch an vorgestern, jetzt kommt dieser Druck der Füße zum Boden, und der drückt euch so in ein Rollen über Kreuzbein, Lende zu den untersten Wirbeln der Brustwirbelsäule, und ihr löst den Druck und gleitet wieder diesen Weg zurück, so ein weiches Abrollen ... der Druck über Kreuzbein, Lendenwirbel, Lende, unterer Brustkorb, Rippen und zurückgleiten ... ihr macht euch diesen Bereich ganz bewusst, vielleicht könnt ihr ihn auch lösen, oft sind wir da sehr festgehalten ... und schaut doch mal, da ist der Druck der Füße, was macht der denn mit eurem Atem? ... dann dieser Weg mit dem Druck oder durch den Druck ... der Weg über das Kreuzbein, Lendenwirbel und zurück, das Lösen ... und zur rechten Zeit immer wieder der Druck ... und das Lösen des Druckes ... ist es für euren Atem eine Einladung?

… wird der Atem gerufen durch den Druck? … nach einer Weile bleibt ihr erst einmal und spürt nach, spürt den Boden unter euch in diesem abgerollten Bereich … legt aber auch eure Hände auf den Bauch und spürt nach … von da aus, versucht mal herein zu spüren in den Raum zwischen euren Händen auf der Bauchdecke und dem Lendenbereich, Kreuzbeinbereich auf dem Boden … … und dann irgendwann noch einmal, beginnt mit dem Druck der Füße, mit dem Abrollen, das Kreuzbein, das dann nach oben steigt und wieder zurückrollen … wie so eine kleine Wiege da unten … … die Hände bleiben auf der Bauchdecke dabei … der Atem begleitet diese Bewegung … der Druck, eine Einladung für den Einatem … das Lösen, das Ablösen im Ausatem … das Warten bis der Impuls da ist, wieder Druck zu geben … und wenn ihr mal wieder ganz liegt, also auch mit dem Kreuzbein wieder auf dem Boden seid … dann – die Hände bleiben auf dem Bauch auf der Bauchdecke – dann gleitet ihr wieder von einer Seite zur anderen über das Kreuzbein hinweg seitlich … die Knie werden dadurch bewegt, die abgewinkelten Beine werden bewegt … die Füße stehen auf dem Boden, ein seitliches Hin und Her … und spürt doch mal, wo das überall hinwirkt? … ganz was Kleines eigentlich mit großer Wirkung … bis es wieder zu Ende gehen will, ausschwingen will, zur Ruhe kommt … ihr spürt mit den Händen wieder die Bauchdecke, mit dem Kreuz, mit der Lende den Boden, mit dem Kreuzbein den Boden … und vielleicht den Raum, den bewegten Raum zwischen Händen und Boden … die Nase ist deutlich, wach, wo der Atem gerufen wird, muss die Nase auftauchen … …

… die Hände lösen sich vom Bauch, legt die Arme wieder auf den Boden, die Hände auch, und die abgewinkelten Beine gleiten zu einer Seite … in Richtung zum Boden, und ihr bleibt eine Weile so, spürt, wenn ihr euch da reinlasst in diese Lage … und spürt was passiert denn da? … ihr seid in dieser diagonalen Verdrehung … da ist eine Dehnung in die Seite, in die Flanke zwischen Becken und Rippenkorb, bleibt noch eine Weile in der Dehnung, was macht denn die Dehnung mit euch? … sie gibt euch mehr Raum in dieser Seite und wo mehr Raum gegeben wird, kann der Atem sich ausweiten … und nehmt dieses Geschenk der größeren Weite, nehmt es von innen her an, und das nehmt ihr mit dem Atem … bleibt noch eine Weile … gebt nach in dieser Diagonaldrehung, Verlängerung … aber auch die Beine, die immer noch ein bisschen mehr zum Boden hin sinken, durch diese Dehnung, durch diese größere Befreiung in den Rücken hinein … die Schulterblätter werden deutlich … und lasst euch ganz weich atmend durch dieses Körperangebot … ganz weich atmend ein … … bis ihr spürt, jetzt reicht es mir erst einmal … geht nicht sofort zurück in die Mittellage, sondern lasst die Beine ganz weich gleiten am Boden entlang … das Kreuzbein gleitet langsam wieder auf seine Mitte … der ganze Rücken liegt wieder mehr mittig auf dem Boden, ihr bleibt eine Weile so … spürt nach, spürt auch dem Atem in euch nach … bis ihr bereit seid, die abgewinkelten Beine zur anderen Seite gleiten zu lassen, frei zu lassen, sich senken zu lassen, sinken zu lassen … ganz nachgiebig, und da taucht die andere Flanke auf … die andere Seite weitet sich oder senkt sich, je mehr die Beine noch ein bisschen nachgeben können nach unten … und spürt, da gibt es noch ein bisschen nach und da, die Schwere wirkt, zu der die Beine sich hin senken, die Schwere wirkt … was ist denn mit dem Schulterbereich, mit den Schulterblättern? … die Seite ist durchgedehnt … lasst euch atmen … lasst euch atmen … die Flanke, die Raum gibt für den Atem, die Drehung, die eine Anregung ist … die Dehnung, lasst euch atmen … bis ihr spürt, jetzt ist es gut … jetzt ist es auch genug erst einmal, und ihr sehr spürsam, achtsam und sanft euch zurückgleiten lasst … das Kreuzbein ganz zu liegen kommt mittig, der ganze Rücken wieder auf dem Boden liegt, die Schulterblätter, vielleicht könnte noch eine Spannung von vorher sein, wieder abgegeben an den Boden … und ihr spürt nach, legt die Hände jetzt wieder auf den Bauch, auf die Leibwand, auf die Bauchwand … und spürt, was geschieht denn da drinnen? … was bewegt sich denn da? … die Nase ist wach, ihr spürt die Luft in der Nase … das Eindringen der Luft, die Luft, die sich letztendlich als Atem unter euren Händen ausbreitet … wenn ihr euch das so wirklich geben könnt, wenn ihr das nehmen könnt so, ist es ein wunderbares Geschenk … die einströmende Luft, die sich in mir, in meinem Leib ausbreitet … ich muss nicht hinschnaufen, ich muss nichts machen, sondern nur mich öffnen … die Nase öffnen … und dann den Raum innen öffnen … frei geben, dass der Atem ihn durchdringen kann, Raum nehmen kann in mir … und dass ich mich in diesem Raum fühlen kann durch den Atem … das Gefühl von Raum, das kommt ja erst, wenn der Atem reinschwingt, der den Raum öffnet, den der Atem durchschwingt, der dem Raum Lebendigkeit gibt … und zwar ohne, dass ich da hinschnaufen muss, sondern das kommt … die Hände, die immer wieder streichen über euren Leib … das Gespür Kreuzbein – Boden …

… und noch einmal gleiten die abgewinkelten Beine zur ersten Seite, wo sie zuerst waren und lassen sich von der Schwere nach unten holen, und diese Seite, die beginnt sich zu dehnen, gedehnt zu werden, von dieser Seite nehmt ihr den Arm und legt ihn so vielleicht im 45° Winkel neben euren Kopf, so dass diese Seitendehnung sich noch ausweitet über eure Achselhöhlen in den Arm hinein … große Seitendehnung durch euch und ein großes Angebot von Raum, von Weite für den Atem … wo Dehnung ist, da will der Atem hin, da kommt er hin, wenn ihr dieses Gespür für die Dehnung findet … der Atem bekommt Raum, und da geht er hin … Achselhöhle, Innenarm, Seiten, Flanken und eigentlich über die Beckenseite noch in die Oberschenkelseite, also bis zum Knie eine große, weiche, öffnende Dehnung … und ihr lasst euch ein, ihr nehmt die Dehnung, geht aber immer ganz nach eurem Maß, wer spürt, jetzt reicht es, der lässt sich wieder sanft zurückgleiten … und wer noch ein bisschen bleiben will, der bleibt noch ein bisschen … und wenn ihr euch zurückgleiten lasst, dann löst ihr euch ganz, gebt nach, löst euch aus der Dehnung heraus, auch den Arm, der legt sich offen neben den Rumpf … …

… wieder legen sich die Hände auf die Leibwand, ihr seid wieder eingelassen in euren Bauch, in euren Leib zwischen Händen und Boden … die Atemschwingung, auch immer noch die luftige Nase … das Einströmen und das Ausströmen der Luft … das Weitwerden im Bauch und das Zurückschwingen in der Bauchwand … … und man kann eigentlich sagen, ihr kommt in eurem Atem zu euch in eure Hände, in eure streichenden, liebevollen Hände … … bis die Arme und die Hände sich wieder ablegen am Boden … der andere Arm sich neben den Kopf ungefähr im 45° Winkel ausbreitet, und die abgewinkelten Beine, Knie zur andern Seite sich wieder senken … der Schwere nachgeben … wieder die ganze Diagonaldrehung, ja, sich euch schenkt durch das Nachgeben … ihr müsst euch nicht in die Diagonale legen, sondern ihr lasst euch die Diagonale erleben, schenken … und da ist wieder die Öffnung der Achselhöhle dabei … der Weg in die Unterarme … Hände … und der Weg auch über die Beckenseite zum Knie … so gebt ihr noch eine Weile nach, werdet merken, es ändert sich immer noch ein bisschen was, ohne dass ich was tue, einfach durch die Wirkung der Schwerkraft und mein Nachgeben … es ist so ein ganz innerliches Wirken, nicht, indem ich die Muskeln versuche zu entspannen, die entspannen sich dann von alleine … aber das Nachgeben ist viel tiefer in der aller innersten Muskulatur … und auch da wieder euer Maß, euer Gespür für euch … wann ist es genug … wann gleite ich zurück … und komme wieder an in der Mitte … Mitte des Kreuzbeins, ganz mittig im Rumpf in der Auflage auf dem Boden … nochmal legen sich die Hände auf den Leib, auf die Bauchdecke und empfangen da eigentlich die Wirkung von dem, was geschehen ist, empfangen den Atem … der nachschwingt, der euch durchschwingt … einfach so … … … und dann streicht ihr mit den Händen noch über den Brustkorb, über die Rippen, über das Brustbein so nach unten, fügt alles zusammen mit euren streichenden Händen, macht euch das Ganze deutlich, auch nochmal in die Flanken, die gedehnt waren, die jetzt wieder in ihrer ersten Lage sind … ja, vielleicht auch noch mal um die Seiten des Beckens, um das Gesäß in den Seiten mehr … ja … …

… wenn das gut ist so, dann bleibt noch in der Lage und legt eure Hände auf den Kopf und zwar so in die Mitte des Schädeldaches … übereinander oder aufeinander … spürt eure Füße auf dem Boden und das Kreuzbein und die Hände auf dem Schädeldach, die drei Bereiche, die kommen in eurer Empfindung in eine Beziehung … Fußsohlen, Kreuzbein, Schädeldach … wie können die denn in Beziehung kommen, was bringt sie denn in Beziehung? … euer Atem … er spürt da, und spürt da, und spürt dahin und wird lebendig … zwischen diesen Beziehungsbereichen, verbindet sie … und durchschwingt sie…

... Fußsohlen – Boden, Kreuzbein – Boden, Hände – Schädeldach ... ... der Atem ist der große Verbinder ... der große – ja – Verbinder ...

... ihr löst euch dann zu eurer Zeit, streicht über euer Gesicht, macht euch das Gesicht noch mal deutlich ... es ist wie eine Landschaft, die ihr erkunden könnt ... die Stirne, die Augen, die Schläfen ... die Nase ... die Wangen ... ... der Mund, das Kinn ... und die Hände liegen dann noch mal ganz ruhig über dieser Gesichtslandschaft ... ... und wenn die Hände sich lösen, dann lasst ihr euch zu, die Hände legen sich ab, da wo sie wollen, und ihr lasst euch noch ein bisschen nachruhen ... ... vielleicht will die Lage sich ein bisschen verändern ... kann leicht sein, dann legt euch in eure Lage, in der ihr euch eine kurze Zeit ruhen lasst ... ohne ein Angebot aber spürend ... ...

... und dann kommt ihr zum Sitzen ... ... ich möchte euch etwas anbieten, was ich fast immer anbiete und zwar, zwei sind zusammen, Eins liegt, Zwei sitzt hinter dem Kopf der Partnerin, nimmt den Kopf in die Hände und trägt den Kopf eine Weile, es kann sich auch mit dem Kopf ein kleines Spiel der Bewegung ergeben ... „ich nehme dich", die den Kopf nimmt – und „ich übergebe mich", die die liegt ... „ich lasse mich von dir nehmen" ... das machen wir so, dass wir wechseln, dass ihr beide Situationen erlebt ... aber wirklich „ich gebe mich dir ab, ich übergebe mich" und dann „ich nehme dich, übergebe dich mir" dieses beides ... vielleicht ist es gut, wie ihr nebeneinander sitzt, ihr findet zusammen ... ihr könnt euch auch wählen, wie es euch gerade angenehm ist und passt ... und seid jetzt erst mal frei ...

Protokoll Herta

Boden
Diagonalen. Alles Atem anregende Stellungen.

Zweier-Situation. Kopf nehmen, geben. Unglaublich berührend, was da geschieht. Nur Zweiergespräch, kein Rundgespräch. Vielleicht morgen noch.

Einheit 8

Stimmt euch ein in eurer Weise, es muss nicht unbedingt mit der Stimme sein ... stimmt euch ein ... oder bereitet euch für die Übung ... ... so gegen Ende des Einstimmens begrüßt euch in eurem Bauch ... ... begrüßt euch in eurer Mitte .... da ist der Unterbauch, da ist der Nabel, da ist der Oberbauch ... der Mittenbereich ... ... ja und seid gerade in diesem Bauchraum liebevoll mit euch ... ... ladet euch ein ... ... und erfahrt dabei vielleicht, dass da, wo ihr euch eine Einladung aussprecht auf eine solche Weise ... dass euer Atem euch dahin folgt ... die Hände da und da hin ... und der Atem kommt ... unter eure Hände … das ist so eine liebevolle Begegnung zwischen außen und innen … die Hände begrüßen den Bauch, der Atem begrüßt die Hände … der Atem schwingt durch diese Einladung, die die Hände aussprechen in einer guten, rechten Weise … schwingt der Atem unter eure Hände ein … nicht, weil ihr ihn da hin haben wollt … ihr ladet ein, und der Atem versteht … und kommt … der Atem, der so verbunden ist mit eurer Empfindung … mit eurer Hinwendung … mit eurem liebevollen Umgang mit euch selbst … es ist eigentlich das zentralste Zeichen der Anerkennung, die ihr euch selber gebt … … die Antwort im Atem … die Antwort des Atems … … und die Hände legen sich dann zu eurer Zeit ab auf die Oberschenkel … oder zwischen den Oberschenkeln … ihr spürt nach … und diese Frage: ist ein Üben beendet, wenn es im Äußeren endet?

[*Hier endet die Aufnahme.*]

Protokoll Herta

Stille
Ölflasche herumgeben. Duft und Hauch. Es hat sich alles ineinander gefügt. Die Luft, der Duft, der Raum, Erde, Himmel. Nochmal taucht zentral auf „ich bin da“. Es war alles einfach und stimmte völlig. Wir waren eine große Einheit, in Liebe, Achtsamkeit, Stille, innerer Bewegtheit, Freundschaft. Alles im Atem.
Wir endeten mit OM. Der Klang der Welt. Ich bin OM.
Pause
Die Gespräche zum Schluss berührend, ehrlich, echt. Voller Dankbarkeit.

Wochenendseminar in Linden
vom 23. bis 25. September 2011

Einheit 1

Ich begrüße euch und freue mich, dass ihr gekommen seid an diesen schönen Platz, und wir zusammen sein können ein Wochenende – ich freue mich sehr.

Ich habe heute früh noch einmal nachgedacht, eigentlich habe ich gar kein Motto in den Raum gestellt in der Einladung – unter welchem Vorzeichen sollten wir uns treffen? Und da ist mir auf einmal gekommen – Mensch sein ... Wir wollen uns darin anschauen.

... in dieser Stille, in der ihr sitzt, spürt die Luft in eurer Nase, spürt, wie sie einströmt, wie sie aus der Nase ausströmt, sie kommt und geht ... ... wir lassen sie einströmen, wir lassen sie Raum nehmen, lassen sie wieder gehen ... ... ihr spürt ihr nach, wie sie innen den Raum nimmt, wie sie bewegt im Inneren ... wir lauschen dem einströmenden, dem ausströmenden Atem, der Luft ... ... nehmen sie als Geschenk ... empfangen sie, lassen sie wirken ... in uns, an uns ... lassen es einfach geschehen ... Bewegung entsteht, Schwingung entsteht, ein und aus ... und ich lasse mich nehmen, mitnehmen ... ich kann warten ... bis ich mich dem überlassen und hingeben kann, es geht ja nicht gleich ... bis ich es mir geschehen lassen kann ... das Spielen mit dem Werden ... ich lausche, lausche mir ... das Einströmen, das Ausströmen, das Bewegtsein innen ... bis es mich so ganz mitnimmt, auch in das Außen hinein ... ich mich hineintragen lassen kann ... lauschend es mir geschehen lassen kann ... die luftige Nase ... ... und ich lasse mich bewegen, von der Luft, dem Atem ... verbinde mich ... öffne mich ... ich lasse Schwingung entstehen ... sanfte Schwingung ... öffnende ... in mir, durch mich ... im Lauschen bereit, gehe mit ... ... lass mich sein ... lass mich leben ... habe keine Bedingungen ... ... ich schau mich an in diesem Leben, in diesem Bewegtsein im Leben, schau mich an, gebe mir Raum dafür, darin ... der Atem trägt mich, der Atem führt mich, der Atem begleitet mich, ich darf leben, ich habe keine Bedingungen ... ... und ich lebe ... ... und ich lasse es sich ganz von innen her füllen ... sich gestalten ... sich entfalten ... die kühle Luft in der Nase ... der Raum, zu nehmen, Raum der Entfaltung, mein Raum ... der Raum der Entfaltung ... ... der Raum, zu sein ... ... der sich mir schenkt, wenn ich mich öffne, ihm lausche ... ... ich bin ... bin da ... ...

... vielleicht finden eure Hände zueinander, vielleicht, wenn es sein will ... greifen sich, nehmen sich gegenseitig ... ihr nehmt euch in eure Hände ... spürt euch ... empfindet euch ... und schenkt euch verschiedene Weisen der Begegnung eurer Hände ... und geht immer in der Weise, in der ihr gerade seid, ganz hinein, spürt was sagt sie, was tut sie, warum gebe ich sie mir – manchmal ganz unbewusst – und doch, warum? ... ich mit mir ... Gebetshaltungen sind das ... und jede hat ihre ganz besondere Wirkung ... ...

... zu eurer Zeit legt ihr die Hände auf den Unterbauch – zu eurer Zeit – sammelt euch unter eure Hände, seid wach in eurer Nase und verbindet im Atem die Nase und den Raum unter euren Händen ... ... Nase und Unterbauch, der Atem fließt ... ... und wenn es gut ist, seid frei, streicht mit den Händen den Bauch aus und seid ganz frei für das, was jetzt aus euch kommen will ... was geschehen will ... was ihr braucht ... weiter aber ganz in dieser Empfindungskraft, ganz in der Empfindung, was geschieht mir, was will sein ... was darf sein ... ...

... lasst ein wenig so eure Knie kreisen ... ... kreisen ... die Zunge ist gelöst, der Gaumen ist gelöst ... ja, da schwingen die Arme im Gegensinn, ganz loslassen, schwingen – das Becken darf ein bisschen mitspielen ... und dabei kann man ein bisschen wippen ... der Boden unter den Füßen ist uns bewusst, wir gehen nicht gleich weg ... Becken ... Arme ... Füße auf dem Boden ... schwingen, spielen, Freiheit ... Freiheit im Becken, in den Knien – gelöst – ja, alles spielt so ineinander ... ... das Becken nicht vergessen ... solange es euch Freude macht .... [*Teilnehmer: „Das Ganze ohne Musik“; Gelächter*]... jetzt fehlt nur die Stimme, lasst sie doch mal kommen! ... Becken, Arme, Knie, Füße ... bis ihr spürt, jetzt will es ausschwingen, jetzt reicht es ... ... lehnt euch ein bisschen an eure Lehne an und lasst es nachschwingen, nachwirken ... ...

... streicht euch im Sitzen aus, schenkt euch die Wohltat eurer Hände ... ... tut euch wohl ... ... spürt, wo brauche ich es? ... immer dieses Spüren, wenn ich es mir geben kann, was passiert, was geschieht, was bewirkt es? ... auch der Nacken und der Kopf ... dieses Befreien des eingedrückten Nackens ... der Kopf, der oft so schwer ist auf uns ... Kiefergelenke lösen dabei ... ... und natürlich das Gesicht ... ... und immer nochmal der Nacken und der Ohrkieferwinkel ... diese Verbindung, Bewegung daraus, Hinterhauptsansatz, Hinterhaupt, die Hände, die da streichen ... der Kopf, der sich senkt nach hinten ... der Mund, der sich öffnet ... löst ... und auch mal streichen um den Prominenz ... und diese Verbindung Nacken – Brustwirbelsäule ... Brustwirbelsäule – Nacken, ein wichtiger Bereich des Lösens und auch großer Bereich des Spannens ... zum Trapezius ... ... und noch während ihr da seid, rutscht ihr allmählich wieder nach vorne auf den Stuhl ... streicht euch dann auch nochmal aus vorne, die Tiefe des Leibes ... ...

... und ihr übergebt jetzt eurem Ausatem ein MU, nicht klingend aber doch MU ganz still für euch – im Atem – was immer das MU euch schenkt, nehmt ihr ... ... lasst euch ganz durchströmen ... ... euer Ausatem deutlich, euer MU-Ausatem deutlich ... ... und der Strom in euch ... ... vielleicht kommt die Zeit, wo ihr diesen Strom in euch mit euren Händen begleiten wollt, ihm nachspüren wollt … … ihn euch zeigen wollt … … und Raum und Zeit für den Einatem … … die bewegte Gebärde schenkt sich aus dem Atemstrom … … sie wird getragen, bewegt vom Atemstrom .. … und da ist immer wieder der Raum, der sich füllt im Einatem … wir sind wieder an diesem Ein und Aus … … und wir lassen es uns geschehen, wir sind ganz hingegeben an das Geschehen … … es kommt ganz von innen, es kommt ganz aus uns … … Strom und Raum … … ihr habt eure Zeit und euer Maß … … seid ganz frei … … wenn es zu Ende gehen will, gebt ihr euch noch ein kleines Nachtasten mit den Händen des Raumes, den ihr erfahren habt – der noch lebendig ist … ertasten, erlauschen … ein Nachspüren … … nochmal empfangen … … … und sammelt euch dann nochmal in euren Unterbauch … … lasst euch da noch ein wenig sein … … holt euch still eine Matte, breitet sie euch aus und ruht.

Protokoll Herta

Schönstes Wetter, gute Fahrt. Raum richten, ruhen. Allmählich trudeln sie ein. Große Freude die vertrauten Menschen wiederzusehen. Wie viel sich in einem Jahr ändert, wie viel bleibt. Der ganze Kreis ist voller Schicksal. Das hat mich bewogen, als Motto in die Mitte des Teppichs zu legen „Mensch – Sein". Darum wollen wir uns in der Übung bewegen.
Nach dem Kaffee sind wir um 16 Uhr auf dem Hocker.
Stille – man kann es richtig greifen, was da alles getragen wird von allen. Ja, Mensch – Sein. Ich beginne still mit dem Atem. Nase öffnen, Einatem – Ausatem. Geschehen lassen, spüren. Sich mit dem Atem verbinden. Ganz innen. Ich bin sehr achtsam gewesen. Einladend, zu erfahren. Irgendwann kommen Bewegungen, Gebärden dazu. Nur dem Atem folgend. Ohne Vorstellungen, ohne Bedingungen, nur im Sein, meinem eigenen Sein. Mensch – Sein, ohne Forderung. Mir lauschen. Bewegung, Schwingung geschieht. Hände auf Unterbauch. Nase. Atem verbindet, Strom zwischen beiden.
Dann finden Hände zusammen, in verschiedenster Weise. Gebetshaltung, jede hat ihre besondere Bedeutung. Die Haltung zeigt mir, was ich brauche, ersehne. Sie entsteht spontan aus der Not, aus der Sehnsucht. Wirkt in mir. Nur frei sein, was brauche ich. Kommt spontan, zeigt sich spontan. Viel Zeit gegeben. Still, ernst, suchend, sich lassend, auch mal heiter in mehr Bewegtheit.
Stehend. Arme schwingen, wippen, Knie kreisen, Beckenspiel.
Sitzend angelehnt. Sich ausstreichen. Auch Nacken, Hinterhauptsansatz, Prominenz, Gesicht. Wieder vorn sitzen.
HU – Sehr tief und innig gearbeitet. Der Ausatem immer mehr sich verdichtend und stärkend, vertiefend. Pause – und dann der sich öffnende Einatem-Raum. Ein großer Raum entsteht. Aus – ein.
Am Schluss greifen beide Hände sanft und forschend in den Raum, nochmal spürend, dort seiend. Mein Erlebnis-Raum, Mensch – Sein. Ruhen.

Gespräche zögerlich, danach ganz klar. Doch dann sehr interessante Erfahrungen, die zeigten, wie tief das Einlassen war. Ja, es ist klar, es geht um das ganz Wesentliche.

Einheit 2

Mensch sein … … um die Gnade bitten – wir können es nicht allein … Mensch sein … …

… stimmt euch ein für die Übung … … … … … … … … … … … … … … …

… eure Hände liegen auf dem Leib, ihr streicht den Leib aus von oben nach unten, den Unterbauch, Magen, Sonnengeflecht und lasst euch so ein klein wenig zwischen Hintergrund und Vordergrund schwingen … keine große Schwingung, einfach so ein ganz kleines Bewegtsein … spürt, wie die Nase sich öffnet dabei in diesem Schwingen, öffnen in den Hintergrund, Raum in euch entsteht … euch ganz liebevoll unter euren streichenden Händen wahrnehmt … diese ganz sanfte kleine Schwingung zwischen Hintergrund und Vordergrund, kommen und gehen … über unsere Mitte … und immer seid ihr ganz da, wo ihr seid … mehr und mehr, lasst es euch geschehen … taucht ein … durch eure Mitte, aus dem Hintergrund in den Vordergrund, und es darf sich entwickeln, es darf sich entfalten – ganz … der Atem führt euch auf dem Weg, schenkt euch den Rhythmus … das Einströmen durch die Nase in den Leib, das Ausströmen, Lösen … der Rücken, der sich nach hinten immer wieder rundet, weich rundet … und die Schwingung nährt sich selbst, sie führt euch weiter … die Atemschwingung … … die streichenden Hände, die gleitenden Hände … der Leib … und immer wieder die Öffnung in den Rücken … wie ein Hineinschauen, Hindurchschauen … danach sich tragen lassen auf den Weg nach vorn … tragen lassen vom Atem und mit dem gehen … … mit ihm gehen, mit euch gehen … mit eurer Wirklichkeit … … und auch dies spüren, dieses Gegangenwerden … … und auch immer gut zu spüren, meine Zeit, mein Maß … und nachzuspüren … was ist geschehen? … …

… nochmal liegen beide Hände auf dem Unterbauch, ihr seid gesammelt … und eine Hand legt sich jetzt unterhalb des Schlüsselbeins der anderen Seite, legt sich so auf den Brustkorb unter dem Schlüsselbein, gibt einen weichen Druck, eine weiche Anwesenheit, aber doch kraftvoll … vielleicht auch eine kleine Dehnung nach außen, die Nase ist wach … und streicht dann über das Brustbein … zurück, legt die Hand dann wieder an den Unterbauch, landet da wieder … dann gebt ihr euch das auf der anderen Seite, liebevoll, achtsam … öffnend … Raum öffnend … ausstreichend, dehnend … euch Raum gebend … bis ihr dann wieder über das Brustbein nach unten streicht … über das Brustbein, über die Sonnengeflechtsmitte … und noch ein paar Mal diesen Weg mit den Händen geht, Brustbein, Sonnengeflechtsmitte, Magen, Unterbauch,

Schambein ... die wache Nase ... die Luft empfangende Nase ... einströmen lassende ... so ganz der Weg zu mir hinein, durch mich durch

... ... eure Hände legen sich dann zu eurer Zeit aneinander vor euren Kopf ... die Nase ist wach, ihr gebt euch einen weichen, guten Druck in die Hände, der Hände zueinander ... ladet euch ganz nach innen ein ... dann trennen sich die Hände, stellen sich in die Luft, sind nach außen gewendet ... zum Kreis, zur Welt, zum Boden ... bis ihr spürt, der Weg führt wieder nach innen ... und ihr spürt selbst, will es sich öffnen, will ich mich öffnen ... öffnen zum Weg der Teilnahme ... der Welt ... öffnen in die Realität ... was ist die Realität? ... kann ich mich öffnen? ... und wann kehre ich zu mir zurück, ganz nach innen? ... das Öffnen nach außen ganz von innen, ganz in Verbindung ... und das Zurückkehren aus dem Außen ganz nach innen, in Verbindung ... was ist Wirklichkeit? was ist Realität? ... was ist Welt? ... alles im Atem ... alles aufgehoben im Atem ... alles getragen im Atem ... seid ganz frei, lasst euch alles geschehen ... meine Welt ... ... ich, in der Welt ... die Welt in mir ... Teil und Ganzes ... ... verbunden ... geführt ... und frei ... ...

... wenn ihr bereit seid, lasst euch klingen, lasst euch summen und schenkt euch euch selbst und dem Kreis in diesem Klang – schenkt euch, empfangt, verbindet euch ... ... und lasst euch vom und im Klang bewegen ... schenkt euch und lasst euch beschenken ... ... alles ist Geschenk ... meine Melodie ... meine Melodie, auch sie ist Geschenk ... ...

... lasst euch ruhen

Protokoll Herta

Morgengang. Nebel auf den Wiesen, blauer Himmel, etwas Dunst. Herrliche Luft. I. kommt, E. Ich bitte um eine Gesprächsrunde, in der jede(r) einen Bericht gibt über die „Jetzt- Situation“. Wo bin ich? Was ist deutlich in mir? Das wurde eine sehr intensive, aufschlussreiche, direkt an die einzelnen Themen des Lebens anschließende Runde. Ich glaube, noch nie so klar erlebt. Immer wieder deutlich: Mensch – Sein.

Sich einstimmen. Was will, muss sein? Zeit für mich.

Sitzen. Hände streichen von oben zum Unterbauch. Dabei gleiten wir in den Hintergrund und über die Mitte in den Vordergrund. Wache Nase. Sehr lange. Atem, Rhythmus, Fluss, Bewegtwerden vom Atem.

Hände aneinander vor Kopf. Leichter Druck. Atem, Öffnung nach innen, Innenraum. Hände frei zum Außen gerichtet, Öffnung nach außen, zum Kreis, den Menschen, der Welt. Im Wechsel. Immer verbunden, eines aus dem anderen sich ablösend, ineinander wirkend. Meine Welt innen, meine Welt außen, **eine** *Welt.*

Ich lasse mich klingen, summend. Ich schenke mich in meinem Klang, ich empfange das Geschenk der Klänge von außen. Ich werde vom Klang der Welt gespeist. Das

wurde wunderschön. Die Welt ist Klang. Da gibt es keine Fragen mehr, nur noch Dankbarkeit. Ruhen.
Gespräch. Ich hatte eigentlich die Not, das Leid aller in der Gruppe mit aufgenommen. Alle waren gemeint, fühlten sich so. Tiefe Erfahrung.
Lange warme Mittagszeit, ruhend auf dem Balkon. Großer Genuss.

Einheit 3

Legt euch ... übergebt euch dem Boden ... ... spürt die Fersen, die Waden ... das Becken ... das Kreuzbein auf dem Boden ... das ist einfach dieses Wunderbare, dieses Hinspüren und in diesem Hinspüren sofort begleitet sein vom Atem ... wo ich spüre, wo ich empfinde, wenn ich es nicht zurückhalte, ist mein Atem da ... ... dann der obere Brustkorb, der Rücken des Brustkorbes ... Bereich zwischen den Schulterblättern, die Schulterblätter ... ... und wo Atem auftaucht, ist Lösung und ist Weite und ist Übergabe ... alles im zugelassenem Atem ... und dann lasst ihr den Kopf zu den Seiten rollen ... zu einer Seite über die Mitte zur anderen Seite ... spürt auch, wie schnell das sein muss oder wie langsam das sein muss, wie es euch wohltut ... ob der Nacken freigeben kann ... oder wie verspannt ich in meinem Nacken bin ... und dieses Abrollen des Hinterhauptes auf dem Boden ... und die Wirkung durch den ganzen Rücken ... und immer wieder dieses Erleben, dass wenn ich irgendwo eine Frage stelle, mir etwas anbiete – dass es nie allein da bleibt ... sondern dass es weiterwirkt, in mir durch und durch ... wenn ich es lasse ... ... irgendwann kommt der Kopf zur Ruhe, liegt auf dem Hinterhaupt ... mit dem Hinterhaupt auf dem Boden, und spürt der Nachschwingung ein wenig nach ... ... auch das alles ein kleines Spiel ...

... es ist jetzt garnichts anderes, als dass die Beine sich in der Rückseite dehnen, in die Ferse hinein auf dem Boden liegend, ihr euch da in diese Dehnung reinlasst und die Fußgelenke sich lösen, die Beine wieder in ihrer Ausgangslage oder in ihrer Ausgangsart liegen ... und immer mal wieder dieses Durchdehnen in die Fersen ... da reingehen in diese Dehnung – Dehnung ist immer Einladung für den Atem ... in den gedehnten Bereich einzufließen ... ich sage euch alles Dinge, die ihr lange wisst, aber manchmal ist es ganz gut, sie wieder zu hören ... ... und vor allem immer wieder ist es gut, sie zu erfahren ... die Dehnung geht auch mal durch die Vorderseite der Beine, durch die Füße durch nach unten, und lösen sich wieder ab ... die Wirkung ist anders als vorher, natürlich ... manchmal ist es auch gut, sich Zeit zu lassen, bevor man es ein zweites Mal ansetzt ... und zu schauen ... ...

... und dann irgendwann stellt sich ein Fuß an ... ihr liegt so, nachforschend, wie ist das jetzt? ... fühlt sich das auch so an wie vorher, oder anders? ... das Bein ist abgewinkelt im Knie, der Fuß steht am Boden in der Nähe des Beckens ... wie fühlt sich mein Rücken an, wie fühle ich mich mit meinem Rücken auf dem Boden? ... der obere Rücken, zwischen den Schulterblättern ... und das abgewinkelte Bein senkt sich oder lässt sich sinken zur Seite ... der Fuß liegt dann auf seiner Außenkante oder auf dem Außenknöchel, je nachdem, wie leicht sich das Bein senken lässt ... und ihr bleibt so ... einfach nur da ... lasst euch atmen ... Schultern ... Schulterblätter ... Gesäß ... und jede spürt für sich, wann ist es genug, wann will mein Knie sich wieder aufrichten? ... zur Decke hin gewendet ... der Fuß, der wieder ganz den Boden berührt, die ganze Fußsohle ... und wieder wird mir mein ganzer Rücken, die Auflage auf dem Boden bewusst ... ... der Atem ... die wache Nase ... und nochmal senkt sich das abgewinkelte Bein nach außen, nochmal warte ich mich ab ... nochmal lasse ich die Schwere wirken, die mich langsam nach unten holt ... ihr merkt vielleicht schon die Veränderung zu vorher ... lasst es noch ein bisschen weiter geschehen ... ich muss nicht drücken, ich muss nichts wollen ... nur schauen, nur da sein ... freigeben im oberen Rücken ... Schultergürtel, Schulterbereich, der rückwärtige ... auch diese Zusammenhänge immer wieder zu spüren, wie sehr ich mich vom Schultergürtel her in meinem Bein festhalte ... oder wie sehr ich mich mit meinem Bein im Schultergürtel festhalte ... und auch da eben immer wieder wie alles zusammengehört ... und wenn es genug ist, gleitet der äußere Knöchel am Boden entlang und breitet das Bein aus und übergebt das Bein so langsam wieder dem Boden ... und damit ist es noch nicht beendet, sondern die Wirkung, der lauschen wir nach ... ... die Arme sind ausgebreitet ... ...

... und zu eurer Zeit stellt ihr den anderen Fuß an ... auch wieder ganz im Gespür, was ändert sich? ... was ändert sich dadurch? ... der Atem ... ... ja und zu eurer Zeit gleitet auch dieses abgewinkelte Bein zur Seite, senkt sich, gibt einfach der Schwere nach und schaut, wo lande ich? ... ich muss nicht weiter runter, sondern da, wo es eben landet, da bleibt es erst einmal ... ich spüre da hinein ... vielleicht Schmerz, vielleicht Spannung, bleibt einfach mal dran, geht mit dem Atem da dran ... wenn wirklich mehr Spannung, mehr Schmerz da ist ... ich gehe noch nicht gleich weg ... spüre, ob dadurch irgendwoanders in mir Spannungen auftreten ... dieses so gelagert sein ... was sich vielleicht anderswo verändert ... wo ich vielleicht spüren kann, da muss ich loslassen, das braucht es nicht ... warum denn? ... das hält auch meinen Atem fest ... lasst die Schwere noch ein bisschen wirken, gebt nach ... soweit es geht ... wenn ich dann irgendwann spüre, jetzt reicht es aber, dann stelle ich das Bein wieder auf, das Knie schaut wieder nach oben ... der Fuß ist wieder ganz auf dem Boden gelagert ... zu eurer Zeit ... ich spüre dem Nachatem nach ... ... nicht umsonst sind es Atemübungen, diese Wirkung auf den Atem ... die Stärkung ... die Weitung ... die Lösung ... die Befreiung ... und irgendwann senkt sich das Bein nochmal zur Seite ... der Fuß liegt so auf seiner Außenkante ... und ihr gebt nach, macht nichts, seid mit euch ... vielleicht hat sich auch schon was geändert, nicht nur mit der Seite, der Leiste … sondern in eurem ganzen Rumpf … in eurem ganzen Körper … wie geht es den Schultern, wie geht es dem Gesäß? … … solange es für euch gut ist … bis ihr spürt, jetzt will ich mein Bein wieder aufrichten … mein Knie wieder aufrichten, mit meinem Fuß wieder ganz auf dem Boden stehen … … …

… der andere Fuß stellt sich daneben … und ihr gleitet so am Boden mit eurem Kreuzbein, von Kreuzbeinseite über das Kreuzbein seitlich hinweg, spürsam … den Boden erkennend … die Bewegung im Becken beginnend, zulassend … die sich mit der Zeit in mir ausbreiten wird … auch die Füße auf dem Boden werden deutlicher, durch diese Bewegung kriegen sie auch mal da oder dort einen guten Druck zum Boden hin … es kommt einfach dazu, ganz selbstverständlich … … immer durch diese Mitte Kreuzbein, dieses Ausschwingen auf dem Boden, Auschwingen des Beckens zu dieser Seite oder zu jener Seite über die Mitte … … und alles was dadurch bewirkt wird, wird euch bewusst … der Atem, wie reagiert er? … wo wird er am deutlichsten? … immer wieder Kreuzbein, Boden … Seite des Gesäßes, Seite des Beckens, die Knie, die sich mit der Zeit senken … die abgewinkelten Beine, die sich senken, mehr und mehr zur Seite … wir sind den Weg ja schon in anderer Weise gegangen … auch die Seiten ausgleichend, die oft ziemlich verschieden sind … mal schauen … die Luft in der Nase, die ausgebreiteten Arme auf dem Boden … und immer deutlicher wird uns die Lende … … und immer mehr öffnet sich über die Lende der obere Rücken … wird freigegeben für diese unten ansetzende Bewegung … und lasst sie euch genießen … erfreut euch dran … geht ganz durch, ganz spürsam den Weg durch und durch … immer mehr zieht es euch in die Diagonale und jede Diagonale ist ein großes Atemangebot … … ein Raumangebot für den Atem … … und so werdet ihr durchlässiger und durchlässiger … freier … gelöst aus den Festhaltungen, ohne Zwang, ohne Druck, ohne Pressen … nur in der Hingabe an die Bewegung … und in der Abgabe an den Boden … … und die ausgebreiteten Arme … … und vielleicht will der Kopf jetzt mitspielen und sich auf die Gegenseite rollen lassen … die Knie, die Oberschenkel auf die eine Seite und der Kopf rollt im gleichen Sinn auf die Gegenseite … ihr spürt euch in dieser guten Einspannung … bis die sich ganz von selbst löst, ihr euch wieder am Boden entlang auf die andere Seite lasst … und der Kopf auf die andere Gegenseite rollt … und immer die Freigabe des Atems, das heißt die Freigabe des inneren Raumes … für den Atem … … solange es euch gut tut … und um es zu beenden – die Füße stehen auf dem Boden – und ihr schwingt einfach mit den Knien noch ein klein wenig links und rechts über das Becken … keine große Bewegung, so ein kleines Nachschwingen, Nachspiel … … das Kreuzbein … ja, das, ob es will oder nicht, sich wieder senkt, wieder zum Boden hin … leicht, locker … bis es irgendwann zu Ende gehen will … …

... die Arme lösen sich dann aus der Weite und legen sich in einem Abstand neben den Rumpf ... oder aber auch, die Hände legen sich auf den Leib ... streichen ihn aus ... ... über den Brustkorb, Brustbein, Rippen, Rippenränder ... Sonnengeflecht, Nabel, Unterbauch in die Leisten hinein ... an den Beckenkämmen entlang ... und lasst euch so ein bisschen noch nachruhen ... was ist geschehen? ... ... spürt nach ... ...

... und jetzt möchte ich gerne sprechen über das, was ich mir wünsche für den zweiten Teil des Nachmittags – ich möchte das Wochenende nicht vergehen lassen ohne eine Behandlungssituation und zwar ganz offenlassend – ihr tut euch zu zweit zusammen, ihr wählt euch, lasst euch wählen und es ist ganz eure Entscheidung ... ihr habt 20 Minuten Zeit – ich werde dann ein Gongzeichen geben, wenn der Wechsel sein sollte – ihr habt 20 Minuten Zeit, euch zu behandeln – jemanden zu behandeln, behandelt zu werden ... ... seid frei ... wählt euch und beginnt ...

Protokoll Herta

Boden – Ganz einfach, stille Arbeit am Boden. Der Leib als Empfangsinstrument für den Geist. Einfach, konsequent, achtsam, da.
Begegnung. Zweier Situation. Behandeln zwanzig Minuten, wie es gewählt wird. Und dann umkehren.
Sehr ergreifend, welche Atmosphäre entsteht in dieser Art der Begegnung. Sein, sein dürfen. Annehmen, angenommen sein. ***So*** *sein dürfen,* ***so*** *annehmen. Keine Bedingung. Für einander da sein.*
Zweiergespräch – Pause – Schlussgespräch. Sehr ergreifend. Ein voller Tag!

Einheit 4

Lauscht mit eurer Nase in den Raum ... ... in die Luft ... ... entdeckt so den Raum um euch herum, euren Luftraum ... ... vielleicht ist eine Hand mal bereit, euch diesen Raum entdecken zu lassen, zu öffnen ... das Lauschen der Nase, die sich öffnende, lauschende Nase ... der Raum um mich ... die Luft ... ... lasst euch ein in diesen Lausch-Raum ... nehmt ihn ganz zu euch ... ... öffnet euch ... empfangt ... ... spürt ... nehmt wahr ... ... empfangt ... ... lauscht mit eurer Nase ... ... langsam löst ihr euch daraus ... ... im Nachspüren, in das Nachspüren ... ...

... die Füße auf dem Boden, das Gesäß auf dem Stuhl deutlich ... das Schädeldach ... die Freiheit im Nacken ... ... ihr gleitet sanft hinter eure Sitzbeinhöcker in den Hintergrund ... und lasst euch aus dem Hintergrund emportragen in den Vordergrund ... ihr lasst euch emportragen, das ist also dieses Element, das euch trägt, das euch führt ... und immer wieder über die Mitte, Sitzbeinhöcker … altbekannt und immer wieder neu … … … der Atem trägt, der Atem führt, der Atem schenkt den Rhythmus … und ich bin dabei … … ich lasse mich führen auf dem Weg … … ich gebe nach und ich gehe mit … … … ich übergebe mich … … ich wage auch immer wieder diesen Weg in den Hintergrund … … und lasse mich tragen in den Vordergrund, ins Neue … ja, und meine Nase ist ja immer dabei … die Luft, der Atem, immer verbunden … … ich gehe mit … den Weg … … … … und im Nachhinein lasst euch spüren, wo brauche ich noch ein bisschen Bewegung von mir aus, frei sein, mich zu lösen, wo noch Spannungen sind … … was braucht es? … … … … … … … … …

… lasst uns unser Morgenlob singen … … … … da ist Atem, da ist Klang, da ist Bewegtsein im Klang … da bin ich ganz … … mein Klang … meine Melodie taucht auf … … … Klangraum … … … der Klang trägt mich … bewegt mich … … … das Ausbreiten, das Ausgebreitetwerden … … … … … … … … … … lehnt euch an eure Stuhllehne, wenn ihr mögt, und lasst euch ein in das Nachhinein … … … lauscht auf euch … … … …

… legt eure Hände auf das Sonnengeflecht, bleibt so sitzen, seid so mit euch unter euren Händen … … … und streicht euch dann zu eurer Zeit liebevoll aus, den Bauch … wo es euch hinzieht … die Leisten, die Oberschenkel … lasst euch mehr führen von euren Händen, als das ihr da eine Aktion macht … eure Hände, eure Empfindung … mit euch sein … nichts wollen … … ihr nehmt euch ganz … … … … ihr dürft sein … … … bleibt immer noch in dieser Weise sitzen …

… und irgendwann wandern eure Hände vor das Gesicht, vor die Augen, vor das dritte Auge in Abstand … gebt euch Raum zwischen Gesicht und den Händen, lasst euch in diesem Raum ganz sanft sein … … ihr könnt euch mal berühren, alles wie es euch erfahrbar werden lässt … findet es heraus … Raum, meine Nase, mein drittes Auge … meine Stirn … die Luft in der Nase … und auch die Nähe und auch der Raum … die Berührung … … lasst auch mal eine Pause dazwischen … bis ihr so das Gefühl habt, ich bin eingedrungen in diesen Raum … ich habe ihn genommen, und er hat mich genommen … … … … dann lasst euch ein bisschen nachruhen, kommt aber schon in die Aufrichtung auf dem Stuhl … … … …

und jetzt nehmt euch an euer Herz … … … … gebt euch Raum in eurem Herzen … … … … … … … und wenn ihr bereit seid, öffnet euch aus dem Herzen in den Kreis … … aus eurem Herzen … … … … … … … … … lasst euch ruhen … … …

Protokoll Herta

Frischer, heller Morgen. Morgengang. Sonntags-Geschenk.
Stille. Es ist Montag, es ist nicht wirklich präsent.

Es kam nochmal über Sitzbeinhöcker zurückgleiten und nach vorn getragen werden. Mit aller Bedeutung, die dieser Weg hat. Viel davon gesprochen. Am Schluss da sein. Was fehlt mir, was brauche ich jetzt? Frei.
Wir singen unser Morgenlob. Wunderbar!
Alles, was folgt, war ein reines Gottesgeschenk, für mich, für uns alle.
Später, ich nehme mich an mein Herz. Und später, ich nehme den ganzen Kreis an mein Herz.
Wie es dann zu Ende ging, hatte ich nur einen Satz in mir: ***Der Atem ist der Schlüssel zum Paradies****.*
Ich war in einem lichten Raum, umhüllt und doch ohne Grenze. Selig. Und die Gruppe hat viel in ähnlicher Weise erlebt. Alle waren tief getroffen und geborgen. Es war ein großes Erlebnis. Voller Dank!
Ein liebevolles Abschiednehmen. Wir waren wie eine große geistige Familie.
Vielleicht kommt alles nochmal klarer in ein paar Tagen.

Wochenendseminar in Linden vom 29. Juni bis 1. Juli 2012

Einheit 1

Lasst euch still werden … … … löst euch in eurem Nacken … lasst euch auch die Schwere eures Kopfes fühlen … … die Öffnung des Nackens dabei, wenn der Kopf sich in seiner Schwere nach vorne senkt … … und dann noch andere Möglichkeiten, seitlich … vielleicht spürt ihr, wie schon in diesem beginnenden Spiel der Mund sich löst … ja, da sehe ich schon Gähnen … es kommt auch mal ein Kreisen, das kommen muss … die Augen lösen sich in diesem Spiel, in dieser Freigabe, Freigabe des Nackens, dadurch natürlich des Kopfes … … die Zunge löst sich, der Zungengrund … und an dieses Bewegungsspiel zwischen Nacken, Hals und Kopf schließt sich allmählich eine größere Bewegung an … es schwingt und wirkt in den Rücken hinein … in den Rumpf … alles, was sich da ergibt aus diesem Beginn, Kopf lösen, Kopf freigeben, Nacken freigeben, und was taucht auf daraus … … immer wieder mal wird euch die Zunge bewusst dabei … da geht es weiter in der Bewegung, der Kopf, der Nacken, die Schultern, die Arme vielleicht … und immer ist der Ausgang noch in dieser Begegnung mit euch im Kopf, Nacken, Kopf … Freigabe … in die Schultern hinein … es ist nicht etwas Eigenes, was die Schultern machen, sondern es schwingt weiter … ihr werdet beschwingt, bewegt, ihr nehmt es einfach an … es fällt mir ein wunderbares Wort ein von Dieter Mittelsten Scheid, der sagt: „Alles lassend fließt das Sein, alles nehmend fließt das Sein, einfach so“ … … es fließt durch euch durch, lassend, nehmend … einfach so … ihr gebt nach, geht in den Fluss hinein, lasst euch in den Fluss hineintragen … … alles lassend fließt das Sein, alles nehmend fließt das Sein, einfach so …. einfach so … durch mich, in mir … der Fluss, die Bewegung, das Sein … … und irgendwann darf es ausschwingen … zur Ruhe kommen … … … …

… ich sage es noch einmal und lade euch ein, für jeden dieser drei Bereiche, die da angesprochen sind – ja, vielleicht eine bewegte Gebärde zu finden …: „Alles lassend fließt das Sein, alles nehmend fließt das Sein, einfach so“ … alles lassend – die Gebärde … alles nehmend … einfach so … geht weg von allem Gelernten – jetzt … … alles lassend fließt das Sein … alles nehmend fließt das Sein … einfach so … … euer Ausdruck, euer allereigenster Ausdruck … … einfach so … alles lassend fließt das Sein … alles nehmend fließt das Sein … einfach so … … … alles lassend fließt das Sein … alles nehmend fließt das Sein … einfach so … meine Gebärde … die Gebärde ist die Entwicklung von Fluss … alles lassend fließt das Sein, alles nehmend fließt das Sein, einfach so … … alles lassend fließt das Sein ... alles nehmend ... alles nehmend ... fließt das Sein ... einfach so ... ...

... wenn es zu Ende gehen will, gegangen ist, dann streicht ihr euch liebevoll um eure Mitte ... ... liebevoll euch zugewandt ... ihr spürt wie die Nase wach wird, Luft einströmt, die Hände die Luft einladen, unter die Hände zu kommen ... innerste Luft ... Schwingung in uns, in unserer Mitte ... streicht auch mal zu den Flanken, greift rein in die Flanken ... bleibt mit eurer Anwesenheit unter diesen reingreifenden Händen, Fingern vielleicht ... die luftige Nase, die Schwingung unter euren Händen ... und dann wandern die Hände weiter zur Lende, zum Nierenbereich ... keinerlei Anstrengung ... ich spreche so mit mir ... ich frage so nach mir ... ich gehe liebevoll mit mir um ... begrüße mich ... ... ich spüre die Lebendigkeit unter meinen Händen ... mich ... und wenn es gut ist so, dann legen sich die Hände ab auf die Oberschenkel, und nochmal gehen wir zu dem Beginn ... ... das heißt, der Kopf findet in die Bewegung ... ihr gebt einfach im Nacken frei, lasst geschehen, was euch geschieht ... ... seid achtsam auf euer Maß, Zeit, die ihr euch dafür gebt ... ...

... wenn es gut ist, dann zieht ihr im Wechsel immer mal eine Schulter hoch, Schulterkuppe, Schulter ... senkt sie ... dann geht es an die andere ... ... vielleicht sind es auch mal beide gleichzeitig ... ... und die Arme hängen dann ... ihr geht noch ein Stückchen weiter ... spürt, wie ist es, wenn die Hände nicht auf den Oberschenkeln liegen, sondern die Arme hängen ... ... ja, und da kommt vielleicht ein Bewegen nach vorne und nach hinten im Wechsel der Schulterkuppen ... die Arme schwingen dabei ... sie werden geschwungen durch diese da oben im Schultergürtel ansetzende Bewegung ... ... die Zunge, der Zungengrund gelöst, der Mund ... und auch da, solange es euch gefällt ... ... und danach dehnt die Arme durch, dehnt euch in die Arme hinein ... gebt euch Raum ... ...

... danach rutscht auf eurem Stuhl ein bisschen zurück, lehnt euch an eure Lehne ... fragt vielleicht nochmal nach eurer Mitte, da wo jetzt für euch Mitte entsteht, spürbar ist ... es kann verschieden sein ... wo ihr euch in eurer Mitte fühlt ... ... jetzt nehmt in euren Atem, in eure Empfindung ein O ... im Einatem, in den Ausatem – vielleicht auch dann in die Hände ... ein O – es ist nicht tönend, es ist nur ganz still in eurem Atem ... das O ... Einatem, Ausatem ... ... und wo es sein mag, nehmt diese Schwingung, diese O-Strömung – Schwingung – in eure Hände .... lasst die Bewegung eurer Hände durch das innen entstehende O gestalten ... ... die Atemschwingung, die O-Schwingung schenkt die Gestalt ... bewegte Gestalt ... ... nehmt es langsam zurück ... ... findet mit euren Händen zu der O-Schwingung in euch ... nehmt sie in eure Hände ... verbindet euch ... die Nase ist ganz luftig ... Luft und Atem unter euren Händen ...

... bis die Hände sich lösen wollen und noch so ein ganz kleines Spiel in der Luft sich geben, die Arme sind frei ... die Hände lösen sich aus den Handgelenken ... auch die Ellbogengelenke werden frei, ihr rutscht auf eurem Stuhl wieder nach vorne ... ... das Spiel der Hände aus den Handgelenken ... in die Unterarme und die Ellbogen ... und da ist immer noch das, was vorher war ... es ist nicht zu Ende, sondern es geht weiter ... da war die Mitte, da war das O, da sind die sich befreienden Handgelenke ... Ellbogengelenke ... geht bis in die Schultergelenke, aber die sind nicht so wichtig im Moment, sie werden ein bisschen mit angesprochen ... ein Spiel mit euch ... ... ihr wisst um eure Mitte ... ...

... und von da, wo ihr jetzt seid, wandern eure Hände nach oben und sind im Abstand vor eurem Gesicht ... und ihr gebt euch Raum zwischen Gesicht und Händen, zwischen Kopf und Händen, und irgendwann vergrößert ihr diesen Raum ... über die Schultern, über den Rumpf zur Tiefe des Beckens ... ... und danach wandern die Hände nochmal nach oben zu diesem Raum vor dem Kopf, vor dem Gesicht ... ... eingelassen in diesen Raum ... indem sich dann der ganze Raum um euch herum anschließt, öffnet ... ... und vielleicht noch einmal ... ... alles mein Raum ... ... und es geht zu Ende ... ihr lasst nochmal ganz deutlich die Sonnengeflechtsmitte auftauchen in euch, im Atem ... spürt sie, nehmt sie ...

... da ist wieder das O ... im Ausatem, im Einatem, und irgendwann klingt es ... ... und irgendwann schwingt es aus in einem Summen M .... es summt aus ... ...

... noch ein Letztes – alles lassend fließt das Sein, alles nehmend fließt das Sein, einfach so ... ... alles lassend fließt das Sein... alles nehmend fließt das Sein ... einfach so ... ... lasst euch ruhen auf dem Boden ...

Protokoll Herta

Ich lade ein, aufzustehen und sich zu begegnen, begrüßen.
Sitzen. Kopf bewegen, Nacken befreien, lösen. Mund, Zunge, Augen. Lösen.
Schultern, je eine hochziehen und senken. Auch mal beide. Schultergürtel leicht bewegt. Arme hängen, alles lösend für Schultergürtel. Sehr lange daran.
Ich spreche: „Alles lassend fließt das Sein, alles nehmend fließt das Sein. Einfach so“.
Sich darauf einlassen und bewegte Gebärde sich daraus entwickeln lassen. Spannend.
Mitte, Sonnengeflecht, Nieren.
Danach O im Einatem, Ausatem ohne Klang.
Hände vor Gesicht. Atem verbunden mit Sonnengeflecht. Hände frei. Nehmen den O-Strom auf.
Hände vor Gesicht. Im Abstand ziehen sie von da über Schultern, ganzen Rumpf, geben Raum.

Wieder O, nach einer Weile endend mit M. Wunderschön.
Hände frei, Handgelenke lösend, Ellbogen, Arme.
Alles geht um die O-Mitte.
Nochmal: „Alles lassend fließt das Sein, alles nehmend fließt das Sein. Einfach so."
Neu gestaltend. Sehr gut. Lange. Hände auf Mitte. Ruhen.

Einheit 2

Vielleicht schenkt sich in die Stille hinein oder aus der Stille ein kleines Beschwingtsein, ein kleines Schwingen ... sanft ... einladend für den Atem ... für eure Lebendigkeit in der Stille ... ... lauscht auf euch, lauscht auf eure Bewegung, wo sie hin will, vielleicht auch wie sie sich verändert mit der Zeit des Sich-Einlassens ... seid durchlässig ... ja, gebt nach ... seid verbunden mit euch ... ... mir kommt noch etwas, wo ich nicht weiß, ob es für alle stimmen kann – es kommt gerade aus mir im Moment ... seid dankbar ... ... auch diese Frage, was geschieht mit mir, wenn ich dieses Gefühl von Dankbarkeit in mir bewege ... ... und auch dieses Doppelte, die Dankbarkeit, dankbar sein zu können ... ... und um so ganz da zu sein, seid frei in euren Armen ... da zu sein in der Vorbereitung ... ... dankbar für das lebendige Leben ... ... wenn es für euch die Zeit ist, dann streicht euch aus, schenkt euch die Berührung eurer Hände ... schenkt euch die Berührung eurer Hände ... ... und nehmt es allmählich zurück ... ...

... nach diesem Vorspiel schauen wir nochmal in das Thema des gestrigen Nachmittags: „Alles lassend fließt das Sein, alles nehmend fließt das Sein, einfach so" ... lasst euch ein ... es kommt in eure Empfindung, und es kommt in eure Gestalt ... in eure Gestaltung ... ... gestern war gestern, und heute ist heute ... ...

... zu eurer Zeit finden eure Hände ineinander, versammelt euch in euren Händen ... sie finden immer wieder eine andere Weise miteinander, ineinander zu sein ... ihr seid von Weise zu Weise in diesem Miteinander eurer Hände ... in diesem Ineinander ... sie wechseln auch den Platz ... ... sie geben sich auch manchmal etwas mehr Druck ineinander, aneinander ... ... auch dieses Spüren, wann, ganz spontan, legen sich unsere Hände ineinander, wann braucht es das? ... wann brauchen wir das? ... ... und immer drücken sie etwas anderes aus ... ... und irgendwann, wenn es gut ist und genug erfahren ist, dann lösen sie sich voneinander ...

... und spielen – wir haben es gestern schon erlebt – aus den Handgelenken ... lösend in die Ellbogengelenke ... ... wir sind es ganz – nicht nur die Handgelenke, die Ellbogengelenke und die Hände – **ich** ... ... wenn dann die Sehnsucht kommt nach Weite, nach Dehnung, nach Öffnung, dann gebt es euch ... ... dann schwingen die Arme aus, im Gleichsinn oder im Gegensinn

... wie es kommt ... ... und zu eurer Zeit rutscht ihr auf dem Stuhl zurück an die Lehne und lasst es nachwirken ... ... nachwirken lassen, das ist so wichtig ... nicht denken, nichts wollen ... einfach schauen nach innen ... lauschen ... ...

... und ihr trennt euch wieder von der Lehne, rutscht nach vorne ... ... ihr spürt die Füße auf dem Boden, das Gesäß auf dem Stuhl, dieses Von-unten-Getragensein ... und ihr legt jetzt in euren Ausatem ein SCH ... (lang) ... ... spürt den Strom ... ...

... danach nach einer Klangpause ... taucht das angehauchte O auf ... HO ohne Klang ... ... und jetzt lasst nochmal ein SCH durch euch strömen, durch euch wirken, tönen .... und danach taucht wieder das HO auf ... der HO-Strom durch euren Mund, die HO-Wirkung in euch ... ... und langsam lasst es ausklingen, ausschwingen ... schaut vielleicht mit der Bewegung der Hände nochmal in dieses Feld hinein O, HO ... ... in das Feld und in die Ausschwingung, in die Weitung ... alles Ausatem ... ... gebt dem Einatem Zeit und Raum, immer wieder ruhen in der Nachschwingung im Ausatem ... ... er taucht auch vielleicht nochmal auf als strömender, durch den Mund ausströmender HO-Klang ... vielleicht bekommt es einen Klang ... ... vergesst nicht das H, das angehauchte ... ... lasst es münden in dem Schwingungsumfeld ... ... Klangraum ... mein Klangraum ... ... mit den Händen sammelt alles nach innen, in die Sonnengeflechtsmitte, Nabel, Bauchmitte ... ... und streicht danach liebevoll eure Oberschenkel aus zu den Knien, zurück über die Innenseiten der Oberschenkel zu den Leisten ... Außenseiten, Unterseiten ... ... gebt beim Zurückstreichen den Rücken frei und gleitet beim Vorstreichen wieder nach oben ... ein Spiel durch den ganzen Rumpf, durch die ganze Wirbelsäule ... ... und danach streicht ihr um euer Gesäß herum ... Rückseite des Gesäßes, Kreuzbein, Steißbein ... ... und lehnt euch dann nochmal zurück an eure Stuhllehne ... ...

... gebt euch da in diesem Sitz, wie es gerade ist, gebt euch da nochmal das Spiel des Kopfes, des Nackens, Schulterkuppen, ein lösendes Befreien in diesen oberen Bereich, mit allem, was da auftaucht, was sich dabei befreit ... was sich befreit ... wovon ich mich trenne ... ... und ihr rutscht nochmal nach vorne ... ...

... und noch einmal „Alles lassend fließt das Sein, alles nehmend fließt das Sein, einfach so" ... ... alles lassend fließt das Sein ... alles nehmend fließt das Sein ... einfach so ... ... wenn ihr euch davon gelöst habt, lasst ihr euch ruhen ...

Protokoll Herta

Stille. Schwingen. Einstimmen. Auch wieder kreisen. Kopf, Nacken, Rumpf.

Noch einmal „Alles lassend fließt das Sein, alles nehmend fließt das Sein. Einfach so.“
SCH HO mit allem, was sich daraus entwickelt. HO weitet sich aus, ich gebe Raum.
Alles kam ganz organisch, ergab sich, eines aus dem anderen.
Irgendwann vorher Hände ineinander legen, verschiedene Weisen.
Am Schluss noch einmal „Alles lassend fließt das Sein, alles nehmend fließt das Sein. Einfach so.“
Ruhen.

Einheit 3

Summt euch doch mal so ein bisschen an den Boden hin … summt euch … … verschiedene Tonhöhen … … wo die Füße sich anstellen müssen nach einer Weile, tut das … … … langsam klingt es aus … die Füße sind angestellt …

… und mit einem leichten Druck der Füße zum Boden rollt ihr euch ein wenig über das Kreuzbein hin zur Lende an den unteren Rippenrand und wieder zurück …. ein kleines Abrollen … … ja und vielleicht taucht dabei noch ein bisschen dieses Summen auf … hilfreich … … und irgendwann gleiten beide abgewinkelten Beine zu einer Seite, ihr gebt sie frei, ihr überlasst sie der Schwere … sie bleiben da, eine Weile, ohne dass ihr was nachstellt … da wo sie sind, da sind sie … aber bleiben nicht vielleicht, auch wenn wir gar nichts tun … einfach da bleiben und nachgeben … immer noch ein bisschen mehr wirkt die Schwere, wirkt das Euch-Überlassen … nachgeben … immer noch ein wenig … bis ihr spürt, es ist jetzt gut so, und ich kehre zurück … achtsam, spürsam … spürt die Beziehung eures Kreuzbeines zum Boden … spürt dieses Zurückrollen auf das Kreuzbein, auf die Mitte des Kreuzbeines … die ganze Breite des Kreuzbeines, bleibt eine Weile so – bis es fast ganz von selbst kommt, dass die Beine sich zur anderen Seite senken … freigeben … übergeben der Schwere … nachgeben … sich überlassen … vielleicht ist es sehr anders als auf der anderen Seite … spüren … und vielleicht wenn ihr denkt, ich bin da schon ganz angekommen, bleibt ihr und merkt, da gibt noch was nach … ganz von innen her … und es ist immer noch nicht zu Ende … ja und irgendwann spürt ihr, jetzt ist es aber wirklich zu Ende, jetzt gehe ich den Weg zurück … achtsam, meine Berührung auf dem Boden, der Weg zurück … bis ich wieder auf dem Kreuzbein lande … und da ein wenig bleibe … und dann hebt der Druck der Füße auf dem Boden mein Becken etwas ab vom Boden – zieht es ab vom Boden … die Lende rundet sich … gibt nach … und der Druck der Füße lässt nach, gibt sich wieder frei, und ihr gleitet wieder sehr spürsam, sehr sanft in die Ausgangslage zurück … bleibt eine Weile, spürt, was ist da eigentlich passiert … lasst den Atem nachziehen, gebt ihn frei … bis ihr nochmal den Druck einsetzt, der Druck der Füße zum Boden … die Lende rundet sich, hängt nach unten, das Becken steigt hoch ... bleibt ein wenig ... ihr lasst die Lende hängen und gleitet dann wieder zurück, Wirbel für Wirbel, Lendenwirbel für Lendenwirbel bis ihr wieder mit dem Kreuzbein ganz aufliegt ... die Nachschwingung abwartet ... und das Ganze noch einmal ... Druck ... hochgezogen werden ... Rundung ... hängende Lende ... aufgestiegenes Kreuzbein, Becken ... ihr bleibt eine Weile so, lasst den Atem zu ... und gleitet dann wieder Wirbel für Wirbel zum Boden zurück ... ...

... die abgewinkelten Beine gleiten nach außen, die Füße kommen auf die Außenkante zu liegen, und auch da braucht ihr keine Gewalt, keinen Druck, da wo sie landen, da landen sie eben ... da sind sie, da bleiben sie ein wenig ... vielleicht ist da oder dort ein Schmerz ... vielleicht geht ihr ein wenig durch den Schmerz durch, seid aber gut mit euch, es muss nicht zu viel sein ... gebt dann ein bisschen nach, wo es mehr wird, und wo gar kein Schmerz ist, umso besser, hängen die abgewinkelten Beine, die Knie mit nach außen, und dann schwingt ihr mit dem Kreuzbein zu den Seiten – links und rechts und rechts und links ... einfach ein kleines Spiel, die Knie im Wechsel nähern sich der Erde, dem Boden ... ganz leicht, ganz klein, keine große Sache ... ein kleines Hin und Her ... leicht, schwingend ... schwingend, schwingend ... bis es euch genug ist ...

... dann stellen sich die Füße wieder ganz an ... die ganzen Füße ... nochmal gibt es den Druck zum Boden, der das Becken hochzieht ... die Lende hochzieht, noch ein bisschen mehr vom Brustkorb, von der Brustwirbelsäule abzieht ... aber ohne Ehrgeiz, einfach, wie es leicht geht, wie es gut geht ... und dann gleitet ihr wieder zurück ... Wirbel für Wirbel auf den Boden, übergebt euch dem Boden ... bis das Kreuzbein wieder ganz auf dem Boden abgegeben ist ... und nach einer Weile gebt ihr euch noch einmal den Druck, die hängende Lende ... das aufsteigende Becken, der Weg zur Brustwirbelsäule ... der Brustkorb, Rippenkorb ... so, wie es weich geht, und ebenso weich lasst ihr euch wieder sukzessive zurückgleiten ...

... und dann lasst ihr nochmal beide abgewinkelten Beine zu einer Seite sich senken und über die Mitte zur anderen ... es ist jetzt nicht mehr dieses Lange-dort-Bleiben, sondern es ist ein Bewegungsspiel über das Kreuzbein durch die sich links und dann rechts sinkenden Beine, immer wieder über die Mitte des Kreuzbeins sich bewegenden Beine ... ein leichtes Spiel, ein schwingendes Spiel ... ein **Spiel** ... ein lösendes Spiel ... und gleitet doch mal während dieses Spiels mit den Armen nach oben im rechten Winkel, dass die Arme gut ausgebreitet sind am Boden und spielt noch ein bisschen weiter so ... leicht bewegt werden, praktisch links und rechts ... es macht nichts, wenn ihr euch mal ein bisschen in die Quere kommt ... ihr werdet schon zurecht damit kommen ... ein leichtes schwingendes Spiel ... spürt die Bewegung über die Lende ... vom Brustkorb, vom Rippenkorb über die Lende zum Becken, vom Becken über die Lende zum Rippenkorb ... solange es euch gefällt, solange es euch wohltut … und bis ihr es zurückschwingen lasst … … und dann irgendwann die Füße am Boden entlang gleiten lasst … die Beine sich ausbreiten … sich ausstrecken am Boden …

…und jetzt seid noch eine Weile ganz frei für eure ureigenste Bewegung, die euch keiner ansagt, sondern die so aus euch auftaucht, sich zeigt … sein möchte … vielleicht noch notwendig ist … wartet euch ab, was aus euch kommt an Spiel auf dem Boden … … … … was brauche ich noch vielleicht … was fehlt mir noch? … … und wo es genug ist, da gebt euch noch ein bisschen Zeit zum Nachruhen … … … … … nachruhen heißt ja auch nachspüren … …

… gebt euch noch so ein kleines Spiel eurer Arme in der Luft, eure Arme, die nach oben gerichtet sind zur Decke … ein kleine Schwingung taucht auf … … … das muss gar nicht so lange sein … wenn ihr spürt, ich habe es erfahren … es hat gewirkt … dann legen sich die Arme und die Hände noch einmal ab … … spürt eure Nase … öffnet sie … … die Luft in euch, der Atem in euch … die Schwingung in euch … … und die Stille in euch … … die Hände berühren euch jetzt nochmal, liegen da oder dort, wo ihr spürt, da, ja, und da … seid mit euch … und dann löst ihr euch daraus … wir machen eine kleine Pause, bevor wir uns im Gesprächskreis treffen …

Protokoll Herta

Zweier Situation. Kopf nehmen, übergeben, überlassen. Sich hingeben. Danach Boden. Zuerst geführt. Dann freie Wahl.

Abend. Offener Kreis. Gespräche über uns und unsere Arbeit. Viele Fragezeichen.

Einheit 4

Stimmt euch ein … bereitet euch für die Übung … … … … …

Füße auf dem Boden … das Gesäß auf dem Stuhl … und verbindet doch mal im Atem die Füße auf dem Boden und das Gesäß, das Becken auf dem Stuhl, verbindet sie im Atem, im Raum zwischen Füßen und Gesäß … und auch mit euren Händen baut euch diesen Raum … … … Atemraum, Empfindungsraum, jetzt so in der Tiefe, zum Boden hin … auch der Stuhl ist so ein Boden … tragender … fragt auch mal so nach der Mitte dieses Raumes … … schon kommt ihr in dieses Gespür für euren Beckenboden … … getragen … und eure Öffnung zu diesem Raum … und von da irgendwann geht noch tiefer, geht zu den Wurzeln … geht zu euren Wurzeln … auch da gibt es eine Mitte … in die Tiefe der Wurzeln … in den Grund … lauscht hinein, spürt hinein, greift über die Luft hinein … und immer wieder die Mitte … die Füße auf dem Boden, der Beckenboden … die Mitte zu den Wurzeln … der Wurzelraum um mich herum

… wir sind umgeben draußen mit so wunderbaren Bäumen … alle mit ihren Wurzeln im Boden verankert … der Grund, unser Grund …

… und da, zu eurer Zeit, nehmt dazu den Hintergrund, zu eurer Zeit, schaut in euren Hintergrund, ihr bleibt in Verbindung mit eurem Wurzelgrund … die Wurzeln, der Hintergrund … der Hintergrund, der sich aus dem Wurzelgrund öffnet … auftut … und bleibt in Verbindung mit dem Erdgrund, Wurzelgrund und Hintergrund, und lasst mal zwischendrin den Zungengrund auftauchen … ganz in Verbindung mit dem Erdigen … mit dem Hintergrund, der jetzt schon erfahren ist … und schaut mal, was der Zungengrund mit diesem Erdgrund und Hintergrund zu tun hat … es ist einfach ein Hinschauen, ein Sich-Begegnen … und immer wieder der Blick zur Wurzel … der innere Blick … Wurzel und Zungengrund in Verbindung … lasst euch auch mal spüren, warum eigentlich? was haben die beiden miteinander zu tun? … … Kehlgrund … und Hintergrund … … und immer wieder meine Wurzel … der Zungengrund im Kehlgrund … Wurzel … Zungengrund … … Hintergrund in Beziehung zum Zungengrund, Kehlgrund … und immer bleibt die Wurzel bewusst … und der Hintergrund … gründet euch … … und immer wieder die Beziehungen zwischen den Bereichen dieser Gründe … ein Grund, der sich aus dem anderen öffnen kann … zum anderen hin sich öffnet … und immer mal wieder die Mitte dieses Grundes, dieser Gründe …

… schaut auch mal zu eurem Augenhintergrund … und auch sie sind nicht allein, sie sind in dieser Verbindung zu den anderen Gründen … Kehlgrund, Zungengrund, Augenhintergrund … die Verbindung … Hintergrund … wie ein Eintauchen in den Hintergrund … und immer wieder die Wurzel, Wurzelgrund … Wurzelgrund und Augen … Beckenbodengrund und Augen … Hintergrund … mein Hintergrund … … alles ist im Anschluss … und dann lehnt ihr euch mal zu eurer Zeit an eure Stuhllehne … lasst es in euch wirken … … eure Hände legen sich an den Unterbauch, die Nase ist wach … … … …. … … …

… ich lade euch ein, euch aus dem Ölfläschchen zu bedienen und das Öl in eure Nase einzulassen – euch ganz in diese Sinnlichkeit des schönen Öls zu begeben … seid auch nicht zu sparsam … es ist schon so schön zuzuschauen, wie man es nimmt, was man macht damit … Moorlavendel … was immer ihr damit tut, ist eure Sache … nicht trinken … … … … und irgendwann greift ihr in den Luftraum um euch, euer Duftraum, der ganze Kreis, überall Duft, Luft … Raum, Sinnlichkeit … … manchmal braucht ihr eure Finger ganz nah an der Nase … dann wieder in den Raum des Duftes hinein zu gehen … mein Raum, da taucht auch der große Raum auf, überall strömt es hin … überall hin gebe ich es weiter … und überall kommt es zu mir … fließt es zu mir … ich kann es weitergeben … ein großer Duftraum … in uns … um uns … der uns verbindet … der Duft, der Atem, der uns verbindet … die Luft … vergesst eure Wurzeln nicht … … … der Grund unter euren Füßen, alles bleibt dabei, nichts geht verloren … unter eurem Gesäß, Beckenbodengrund, der Hintergrund, der Zungengrund … der Duftraum … ja … alles ist Geschenk … wenn wir offen sind … das was da ist … die Nase … und ihr habt euer Maß, eure Zeit … … … …

… schaut zum Himmelsgrund … … und ihr wisst um eure Wurzeln, um den Erdgrund, und öffnet euch zum Himmelsgrund … … seid ganz frei … durchlässig … offen … Erdgrund – Himmelsgrund … und ich im Zwischen … und spürt auch da sehr gut euer Maß … … … … Erde – Himmel … Himmelsgrund – Erdgrund … … … und alles findet den Weg in euren Herzensgrund … … … Zungengrund … Augenhintergrund, alles mündet in den Herzensgrund … Hintergrund … … dann zu eurer Zeit lehnt euch wieder an und ruht an eurer Lehne … … … …

… ihr rutscht wieder nach vorne auf euren Stuhl … und von da, wo ihr jetzt seid, öffnet ihr euch in den Vordergrund … schaut ihr in den Vordergrund … … … verbunden … gegründet … … … … gegründet, vielleicht ist es auch geborgen … … … und kehrt zurück in euren Herzensgrund … … … … … … … und zu eurer Zeit findet ihr in eine Gebärde, die ihr spürt, die aus euch kommt … in der ihr spürt, wie bin ich da? … … … … lasst euch ruhen …

Protokoll Herta

Der Gesprächskreis ist noch sehr wirkend in mir. Was fehlt, wie kommen wir weiter?
Stille – Sich einstimmen
Wesentliches Thema wurde Wurzeln – Grund. Erdgrund, Füße, Gesäß getragen, Raum dazwischen erkennen, deutlich machen. Atem.
Von Erdgrund zum Hintergrund, öffnen. Beckenboden Zungengrund, Kehlgrund. Alles kommt zusammen, mündet ineinander. Augenhintergrund.
Anlehnen und ruhen. Duftöl wird herumgereicht. Alle Sinne. Mein Duftraum, innen, außen, der große Kreis – Raum. Alle sind wir in diesem einen Raum verbunden. Sehr lange.
Eine Zeit der Stille. Dann Himmelsgrund. Nicht allein, immer verbunden.
Alle Gründe tauchen ein in den Herzgrund. Hier sind sie verbunden.
Es war eine volle, intensive, sehr innerliche Arbeit. Alle sind ganz in sich eingetaucht.
Gespräch. Sie waren erfüllt vom Erleben, tiefen inneren Erfahrungen. Es war für uns alle eine starke Stunde. Ein warmer, herzlicher Abschied. Es wurde so deutlich, der Erfolg der Arbeit gründet letztendlich in jeder einzelnen Person, im Durchdrungen sein vom „Atemleben“.
Es war ein ganz schönes Miteinander. Ich bin glücklich heimgefahren.

Arbeitskreis 1994 mit Gesprächen über die Atemstunden

[*In den Gesprächen steht S für verschiedene Schüler.*]

Dienstags-Arbeitskreis 04. Oktober 1994

Ja, bereitet euch vor für die Übung …

… während ihr euch auf dem Hocker niederlasst … lasst euch mit den Fingern einer Hand eure Nase abgreifen … spüren … … und wenn es genug ist, legt sich die Hand zurück auf den Oberschenkel … ihr lasst noch einmal eine Zeitlang dieses Gefühl für die Nase bestehen – seid noch dahin gesammelt – … … … und dieses Gefühl dafür ist ja nicht etwas Statisches, sondern etwas Dynamisches … … … wohin ich mich mit meinem Gefühl, meiner Empfindung hinwende, da fängt etwas an, lebendig zu werden … … … und dieses Lebendige lasst sich ausbreiten … dem gebt Raum … und lasst geschehen in diesem Ausbreiten, was dadurch geschehen will – gebt euch dem ganz hin … … … und dieses Ausbreiten im Inneren mag seine Wirkungen haben ins Äußere … Bewegung des Ausbreitens … das nach außen Freigebende … … und Gestaltende … … seid achtsam: nichts wollen, sondern schauen … spüren … das Bewegende zulassen … und den Schritt weiter vom Zulassen in das Sich-Einlassen … … … dieser innere Raum, der in Schwingung gerät … ein anderer … je nachdem, wie ihr dem Bewegenden in euch Raum gebt … … das Einströmende, Bewegende – das Durchströmende – das Ausströmende … Bewegende … … … dies ist Dreierlei: ich öffne mich – lasse zu – ich lasse es geschehen, schöner ausgedrückt – ich bin ganz in dem Geschehen … ich gebe mich ihm hin … …

… nehmt es langsam zurück und legt dann einen Finger oder zwei Finger in die Gegend oder den Bereich zwischen den beiden Augen an die Nasenwurzel … … … öffnet euch dabei hier – für den einströmenden Atem … … und dann streicht ihr mit Daumen und Mittelfinger über die Nasenflügel seitlich zu den Jochbögen … … öffnet euch in diesem Bereich für den einströmenden Atem … … … zu den Jochbögen … … … und danach legt ihr die Mittelfinger beider Hände an die Nasensohle, an diesen Winkel der Nasenflügel unterhalb des Jochbogens … zum Kiefer hin … und streicht dann da ein bisschen der Nasenfalte nach … zum Mund hin … … … lasst den Atem hier einströmen … …

… wenn das erfahren ist, legen sich die Hände zurück … an die Oberschenkel … oder fallen zwischen die Oberschenkel … und ihr lasst euch noch ein wenig in diesem Genuss eurer ganz durchlässigen, geöffneten Nase verweilen … …

… legt die Hände auf den Leib dahin … wo ihr jetzt am meisten eure Lebendigkeit spürt … und da ist es richtig – nicht, wo ein anderer es spürt … da, wo ihr es jetzt … sie jetzt spürt … da geht hin und begrüßt diese Lebendigkeit

… seid mit dieser Lebendigkeit … … … vielleicht braucht ihr beide Hände … vielleicht sogar an verschiedenen Bereichen eures Leibes … begrüßend … …

… gebt euch da so ganz bewusst Lösung im Rumpf … … … es beginnt das Spiel um die Sitzbeinhöcker … und das, was da dann durch euch durch geschieht – dem folgt mal ganz mit eurer Achtsamkeit … … schaut euch auch vielleicht die Entwicklung dabei an … bleibt das immer das Gleiche oder entsteht etwas durch dieses Beginnen der Bewegung … der Beweglichkeit … … spielt sich das weiter? … … … und wie nur kann das geschehen, dass es sich weiterspielt? … … vielleicht auch die Frage, stell ich mich diesem Weiter-spielen-Wollen oder Weiter-gespielt-Werden in den Weg? … … und wodurch? … … … allein ein Muskel wie die Zunge hat die Möglichkeit, dieses Spiel zu verhindern … … … meldet sich die Nase … wie von alleine …. … diese Wachheit … diese Freiheit … … … und wenn ihr schon so etwas wie einen Geschmack davon habt, dann baut ihr es nicht noch weiter aus, sondern nehmt es zurück …

… streicht doch mal mit den Händen den Körper aus … lasst euch eure Körperwände durch eure streichenden Hände erfahren … … … seid in der Empfindung in euren Händen … … … oder in den Händen und unter den Händen … beides … … … spüren … sozusagen von außen nach innen … da beginnt es ja … und dann von innen nach außen – die kommen zusammen … … und was geschieht, wenn die beiden zusammenkommen? … auch da ist immer ein ICH und ein DU …

… lasst euch dabei schon zum Stehen kommen … … und … dann löst ihr euch aus diesem Streichen der Hände … aus diesem Fragen der Hände auch … … das ist ja immer ein Fragen … wo bist du? … wo bin ich? … bin ich da? … …

… lasst die Hände sich lösen … und die Arme hängen … spürt nach … bis ihr aus dem Gespür für euch allmählich in ein Schwingen der Arme kommt … um den Rumpf … und dieses Schwingen … geschehen lasst … mehr und mehr … durch das Sich-Hineingeben, das Sich-Hineinlassen … mitgehen … … … es sind nicht nur die Arme, die schwingen … … … und lasst euch in einen Kreislauf ein … das ist ein Spielen, ein Wachsen … … und allmählich wieder Zurückschwingen …. … … was ganz Lebendiges …. … … zurück zum Mittelpunkt … … … wenn es möglich ist, dann lasst die Augen sich öffnen … … … und lasst euch offen sein für den Kreis … … … und so die Frage, was ist das denn eigentlich … offen sein für den Kreis … was heißt das? … … … wie ist das … offen sein für den Menschenkreis … … … wenn die Augen sich schließen wollen, dann erlaubt es ihnen … … …

… und dann … wenn ihr mögt … lasst euch ruhen am Boden …

Gespräch

Herta: Ja, schauen wir die Stunde noch mal an. Vielleicht ist es möglich, dass wir einfach noch mal den Aufbau anschauen? Wie hat sich das entwickelt? Wie war es? Das ist ja oft gar nicht so leicht. Auf der einen Seite ganz drinnen sein und danach sich wieder erinnern, ohne das Sich-Einlassen zu verhindern durch das Aufpassen. Die Achtsamkeit, die eben auch was anderes ist als das Aufpassen. [...]

S: Die Arbeit mit der Nase war das Fundament, die Räume zu eröffnen. Die Nase entspricht in ihren Verspannungen meinen Körperverspannungen – und das ist mir sehr deutlich geworden.

Herta: Es ist ganz wichtig, als Atemtherapeut auf die Nase zu schauen. Wie ist die Nase? Wie offen oder wie zu oder wie verhindert ist sie? Wie wird sich das im Inneren abspielen? Wie kommt die Luft eigentlich in den Menschen hinein, die sich dann ausweitet, ausbreitet, Räume findet als Atem. Da ist die Luft, und die lass ich ein. Und dazu muss die Nase offen sein. Oft wird am Menschen gearbeitet und übersehen, dass die Nase zu ist. Und da muss man erst einmal öffnen, bohren, riechen ...

S: Ich denke mir gerade, es ist so schwer zu sehen.

Herta: Das ist nicht schwer zu sehen, du kannst außen sehr viel über die Nase eines Menschen sehen. Wir machen jetzt mal eine schöne Übung, indem wir einfach unsere Nasen betrachten.

S: Ich finde schon auch, das ist nicht so einfach.

Herta: Also das ist ja ein Versäumnis, dass ich in der Ausbildung scheinbar nie darüber gesprochen habe. Das ist ganz wichtig.

S: Ich bin verspannt in den Nasenflügeln und hier – und das wirkt sich aus nach hinten in den Rachen – in den oberen Gaumen, in den Rachenraum. Ich kann mir gut vorstellen, dass, wenn ich da wach sein würde, ich sehen könnte, wie es anderen da geht.

Herta: Wir dürfen dich anschauen, und wenn wir schauen, können wir das genau nachempfinden, was du sagst. Diese große Frau mit diesem großen Kopf. Diese sehr kleinen Nasenlöcher mit Nasenflügeln, die direkt ein bisschen verspannt nach unten ziehen, keine Nüstern sind sozusagen. Schmitt hat immer gesagt: Die Nase kannst du wirklich entwickeln. Die Nase verändert sich, wenn man an ihr arbeitet. Die Ohren kannst du nicht ändern – die sind so. Aber an der Nase kann man arbeiten. Indem man sie sich bewusst macht, indem man sie massiert, indem man da reingreift, indem man wirklich in der Nase bohrt. Das ist ganz, ganz gut. Indem man sie spürt, indem man Nasensalbe hinein tut, Düfte riecht – also schnuppert, einfach die Nase entwickelt. Und da entwickelt sich der Atem.

Wenn du deine Achtsamkeit auf die Nasenwurzel (zwischen den Augen) lenkst und diesen Bereich im Atem öffnest, dann wird der Atem nicht in den unteren Bereichen der Nase einströmen, sondern da, wo du mit deiner Spürsamkeit bist. Er strömt in die oberen Höhlen ein und öffnet diesen Bereich und öffnet zugleich, wie wir gerade erfahren haben, den entsprechenden Leibbereich. Und das ist der Schulterbereich, das ist der Herzbereich, der angesprochen wird. Das entspannt im Kopf, das entspannt z.B. sehr gut – aber mit Vorsicht anzuwenden – bei Migräne. Es ist hilfreich bei Menschen, bei denen dieser Bereich dumpf, unlebendig wirkt. Man möchte Licht, Luft in diesen Bereich bringen, Lösung und Lebendigkeit anregen. [...] Du kannst auch Innenräume nur durch diese Nasenübungen entwickeln, weiten und belüften. Und das ist etwas, was man ja jederzeit zur Verfügung hat. Wenn sie müde sind, streichen Menschen spontan von der Nasenwurzel zur Stirn und atmen dadurch tief durch. Also in der Nase hast du einfach das Ganze in der Hand.

S: Also ich finde das gut, dass du das jetzt so ansprichst. Ich habe das nicht gewusst.

Herta: Das ist ja allerhand. Jetzt kommen alle Versäumnisse heraus.
[...]

S: Also ich weiß schon noch, dass du oft gesagt hast, „Die Nase ist wach" und heute hast du noch Gefühl und Empfindung dazu gebracht. Das hat etwas ganz Neues bei mir bewirkt.

Herta: Das ist die Frage, die man sich jedes Mal neu stellen muss, wenn man lehrt, wieviel frachte ich in den Unterricht hinein. Wenn ich zu viel auf einmal anbiete, dann kann sein, dass ich alles verhindere. Also dieses langsame Wachsenlassen. Jetzt geht es z.B. erst mal um die Wachheit. Bei dem einen ist dadurch die ganze Empfindung angesprochen, beim anderen ist das einfach noch nicht so deutlich.

Den richtigen Moment für ein Angebot zu finden, das muss immer wieder neu erspürt werden, wir müssen wach dafür sein. War das jetzt zu viel oder auch zu wenig? Und es immer wieder verändern können.

Das ist das Wunderbare am Unterrichten, dass wir so viel über uns selber lernen. Ohne das geht es gar nicht. Das ist eigentlich die beste Lehre für uns selber. Und es ist schön, eine Gruppe zu haben.

S: Für mich war das jetzt auch wichtig. Ich habe am Montag mit einer neuen Gruppe angefangen. Wenn man die eigene Erfahrung hat, ist es oft schwierig, wieder an den Anfang zurückzugehen. Und da habe ich halt auch gesagt, die Nase ist wach, worauf eine Teilnehmerin gesagt hat: „Ja wie macht man denn das?“ Das war wahrscheinlich ein Versäumnis von mir, das deutlicher anzusprechen. Mich hat es dann gestört, dass dieses laute Reinplatzen die Stille unterbrochen hat.

Herta: Aber schau, das ist wieder so die Gefahr des Erwartens, dass nichts stört, und dass niemand laut ist in einer ersten Stunde! Ich finde das herrlich, wenn jemand sagt: „Ja wie macht man denn das?“ Und dann braucht es ja keine Antwort zu geben. Du kannst ja kein Rezept anbieten, du kannst zurückfragen: „Ja, wie macht man denn das?“

Und das wird wahrscheinlich ganz lustig sein, was da alles kommt in der Gruppe, wie man das macht. Wichtig ist wirklich, sich nicht festzuklammern an die und die Übung, an die und die Vorstellung, sondern auch dieses Lebendige, was von den Menschen kommt, zu nehmen und damit zu spielen. Und da wird man ihnen gerecht, und das macht ihnen Spaß. Und Spaß muss es machen. Nicht immer – aber … [*Gelächter*]

S: Herta, ich finde aber auch noch diese Unterscheidung von Gefühl und Empfindung sehr wichtig. […]

Herta: In der Empfindung kommst du an die Differenzierung. Mir ist der Unterschied seit langem sehr klar. Bei Menschen, die lernen, mit ihrem Atem umzugehen und sich auf ihn einzulassen, ist es für mich wichtig, dass ich Empfindung und Gefühl erst mal munter durcheinander purzeln lasse. Mir selbst ist aber immer sehr bewusst, wenn ich zuhöre, da ist jemand total in seinem Gefühl drin und die Empfindung ist noch weit weg. Oder da ist jemand schon mehr in der Empfindung, und da ist jemand in der Empfindung und kommt absolut nicht an seine Gefühle, vor lauter Angst, aus der Empfindung heraus zu fallen. Also das muss gar nicht sein. Aus der Empfindung kann das Gefühl sehr klar und sehr deutlich werden. Ich habe mich entschieden, die Gefühle, die auftauchen im Atem, und oft sehr unbedingt auftauchen, zuzulassen und geschehen zu lassen in der Gruppe. Ich gebe den Menschen die Erlaubnis, dass das geschehen darf. Das ist für mich ein ganz wichtiger Einstieg. Aber dann, später, ist das ausgestanden. Mehr oder weniger, ja. Wir kennen unsere Gefühle, aber wir haben mehr Freiheit, uns jetzt differenzierter anzuschauen, genauer anzuschauen.

Was bewirkt der Atem in den einzelnen Räumen? In der Tiefe werden andere Gefühle hervorgeholt als wenn z. B. die Seiten sich öffnen, die Achselhöhlen, und auf einmal das Herz überschwappt. Und ein andermal kann ich rein in der Empfindung bleiben. Und ihr wisst, jetzt bin ich ganz dicht an meiner Empfindung – oder jetzt hat mich mein Gefühl eingeholt. Und als Lehrer muss ich klären, wie ich mit Gefühlen und Empfindungen umgehen möchte. Wenn die Gefühle leben durften, werden die Empfindungen differenzierter – wenn sie nicht sein durften, z. B. in einer Ausbildung, entsteht eine kühlere Atmosphäre. […]

S: Also für mich ist das Empfinden eine Hilfe beim Zulassen. Wenn ich in die leibliche Empfindung gehe, dann trifft den Atem nicht meine volle Aufmerksamkeit, sondern der darf sich gewissermaßen hinter oder durch die Empfindung entfalten.

Herta: Ja, aber das ist jetzt interessant, wenn du sagst, dann trifft den Atem nicht deine volle Aufmerksamkeit. Die Empfindung ist ja an den Atem gekoppelt. Und schau mal, ich habe das Angebot heute gegeben, da ist die Hand in der Empfindung, und da bin ich im Atem in der Empfindung – das ist wie ein ICH und ein DU. Die beiden, die sich begegnen. Also die innere Bewegung und die äußere Berührung. Und die Empfindung ist – du bist – deine Hand, du bist dein Atem.

In dem Moment, wo es so wäre, dass es zu einer Fixierung auf den Atem käme, in dem Moment ist alles verloren. Also das kann nicht gemeint sein. Aber wenn du im Atem drinnen bist, gibt es keine Fixierung.

S: Und die Kontrolle kann dich überall hin begleiten, in das Gefühl, in die Empfindung. Wenn es nicht ganz stimmt, dann hat das so was von Kontrolle; so ein ungutes Beobachten, so wie aufpassen, und je stärker das da ist, umso schwieriger ist es zu lassen.

Herta: Und da sind wir genau an der Frage: Was heißt „das Maß"? Das Aufpassen – die Kontrolle, wie ist das Maß? Oder woher kommt das Maß? Das Maß, das in der Empfindung, in diesem Einswerden von Empfindung und Atem – das Maß da ist. Aber das ist nur ein Resultat, eigentlich das der Freigabe, des Gelassenseins. [...] Ja, ich werde versuchen, jetzt an diesem Thema weiterzugehen.

Dienstags-Arbeitskreis 18. Oktober 1994

Ja ... wir beginnen ... und zwar beginnen wir mal nicht mit dem üblichen Dehnen – sondern, indem ihr ganz spürsam seid für eure Gelenke – wo immer das nun beginnt ... sei es, es beginnt mit dem Handgelenk oder es beginnt mit dem Kniegelenk oder Fußgelenk ... – es geht nicht um die Beweglichkeit – sondern es geht darum, euch zu erfahren in euren Gelenken ... und euch zu befreien in euren Gelenken ... schaut, was geschieht mir, wenn ich mich in meinen Gelenken kennenlerne, in der Freiheit oder auch in der Nicht-Freiheit der Gelenke ... wie kann ich damit umgehen? ... und es kann irgendwann sogar sicher nötig sein, aufzustehen ... denn da sind ja viele Gelenke im Rumpf – und einfach mal zu schauen, wie gehe ich durch mich durch ... in dieser Weise ... ... und so vielleicht eines das andere öffnet ... das in das andere hinein öffnet ... es ist nicht gemeint, immer nur bei einem Gelenk zu sein ... und dann da aufzuhören ... und ins nächste zu gehen – was ja auch gar nicht geht ... ... diese Frage, was bringt was? was öffnet wohin? ... zeigt den Weg weiter ... ... die Lende als Verbindung zwischen Wegen ... ... das Öffnen ... ... lasst euch immer durchlässiger werden, für diesen Weg von Station zu Station ... von Gelenk zu Gelenk ... ... Beziehung ... ... ja ... und immer wieder ... es geht nicht um die Gelenkigkeit, die ist ein Geschenk davon – es geht um den Anschluss ... Verbindung ... ... dieses Fließende ... ... muss ich Türen öffnen ... kann es strömen ... kann es fließen? ... ... kommt mehr und mehr in das Spiel ... in das Spiel von Gelenk zu Gelenk ... in die Freude ... in das Schöpferische ... ... äußeres Spiel mit der inneren Begleitung ... erst möglich ... als Fließendes durch diese innere Begleitung – das Fließen im Inneren ... ... ganz verbunden mit der Empfindung ... ... für wen es ausschwingen will ... ...

Gespräch

Herta: Ich würde ganz gern nach diesem ersten Erlebnis eine kleine Gesprächsrunde haben. Aus eurem eigenen Erleben kommt die Klärung. Was tue ich damit, wenn ich das ansage? Was will ich damit?

S: Als wäre das noch einmal ein anderer Zugang zu dem, was wir sonst machen, auf einer körperlicheren Ebene. Indem ich mich auf die Gelenke einstimme, stimme ich mich in das mehr Körperliche ein. Wenn ich mit den Händen so anfange zu spielen, ist es was Feineres, etwas Durchdringenderes.

Herta: Du bist ganz nah dran, um was es eigentlich geht.
[...]

S: Da ist die Sammlung auf ein Gelenk vielleicht – aber es ist nicht möglich, mit der Empfindung bei diesem einem Gelenk zu bleiben. Es schließt sich sofort, wenn ich mich freilasse, alles Weitere an und zwar sehr schnell.

Herta: Und wie kann das nur sein?

S: Indem ich den Atem zulasse, in diese Bewegung und in diese Empfindung hinein lasse.

Herta: Genau das ist es. Und das ist anfangs sicher das Schwerste. Aber wir sind jetzt keine Anfänger. Für uns ist ja nur wichtig, dass wir das erleben. Wenn ich anfange mit der Dehnung der Hand – beginnt es in einer anderen Weise, als wenn ich anfange, hier ist ein Gelenk. Beides ist erst einmal etwas Körperliches. Aber sofort ist es auch eine Einladung an den Atem, wach zu werden, zu lauschen und mitzukommen in diese Einladung. Und das ist erst einmal sehr schwer, Menschen dies nahe zu legen. Man kann es immer ganz

genau sehen am Üben eines Menschen, ob es ihm möglich ist, in dieses ganz feine von innen her Lauschen und Empfinden zu gehen. Kann er spüren, was da passiert? Und manchmal passiert noch überhaupt nichts. Da bewegt sich mein Gelenk und fertig. Passiert doch nichts, hat doch mit mir da drinnen nichts zu tun! Bis diese Instanz wach wird, dass durch die äußere Bewegung die innere Bewegung geweckt wird und wir sie zulassen können.
[...]

S: Der Fluss in der Bewegung entsteht nur, wenn der Atem dabei ist.

Herta: Natürlich, diese Schönheit der Bewegung, weil sie deine eigene ist, weil sie von deiner inneren Bewegung getragen ist. Da wird die Bewegung schön. Und das kannst du bei einem jeden in der Gruppe sehen. Du kannst sagen: Aha, jetzt ist diese Anbindung da oder noch nicht da, und du musst noch ein bisschen warten und es ansprechen in einer Ansage. Vielleicht erreicht es die oder denjenigen, und wenn nicht, ist es auch nicht so schlimm. Morgen ist ein anderer Tag. Also einfach dieses „Ermöglichen“. Versucht, so ermöglichend wie möglich und nicht dirigistisch zu arbeiten. Ich muss selbst in dieser Erfahrung sein, und dann kann ich immer wieder noch mal einen neuen Weg gehen, und vielleicht fällt mir noch mal ein neues Wort ein, um zu ermöglichen.

S: Der Ausdruck des Flusses war bei mir auch rein körperlich da. Die Augen haben getränt, der Speichel ist geflossen.

Herta: Das heißt, dass da das Vegetativum angesprochen ist.

S: Ich hab es fast intensiver als das Dehnen empfunden.

Herta: Ja, noch mehr im Anschluss unter Umständen. Dehnen und Räkeln, diese Ansage lädt ja erst mal ein, in dieses Animalische reinzugehen und sich einfach damit wohl zu tun, und das ist wunderbar. Das braucht es auch ganz lange. Bis man sich verabschieden kann von dieser Vorstellung auch eines gewissen Rituals zu Beginn. Und in dem Moment, wo ich merke, so etwas wird zu einem gewissen Ritual, sage ich „stopp“. Jetzt braucht ihr das nicht mehr. Außer es passiert auf einmal wieder, dass du sehen kannst oder dass ihr sehen könnt – ah, da fängt jemand an, ganz neu in das Dehnen zu gehen. Dann wird es interessant. [...]

S: Durch dieses Einlassen, etwas vorbereiten, was immer feiner geworden ist, ging das Spiel in allen Gelenken weiter. In allen Gelenken Durchlässigkeit und alles gleichzeitig, nicht nur in einem Gelenk, sondern überall.

Herta: Ja, und das ist der Weg in die Durchlässigkeit. Nicht durchlässig nur hier, sondern wenn ich hier wirklich durchlässig bin, dann setzt sich das fort.

Und das ist wirklich eine wunderbare Möglichkeit z. B. morgens, wenn man noch so unheimlich verbacken ist, dumpf, traurig und unglücklich, mal mit so etwas zu beginnen. Das bringt einfach Licht ins Dunkle. Das bringt Luft in den Körper hinein. Auch große Sammlung, wenn man so ein bisschen zerrissen ist.

S: Es setzt zusammen. Die Gelenke sind wie so Marksteine, die Verbindung von Gelenk zu Gelenk; auch methodisch fand ich das gut aufgebaut. Ich habe spontan erst mit der Halswirbelsäule angefangen. Das hat sich so ergeben, und dann kamen selbstverständlich der Nacken und die Schultern dazu.

Herta: Und da gibt es natürlich verschiedene Möglichkeiten. Früher hab ich eher vorgegeben, da fängt es an, und da geht es weiter. Aber ich bin für mich zu dem Schluss gekommen, keine solchen Ansagen zu machen. Für dich war der Hals erst mal das Wichtige, dann die Verbindung Nacken – Schultern und da hinspüren, da hingehen, und dann ging das weiter.

S: Aber Herta, jetzt bin ich im Konflikt. Wie baut man es auf, wie bringt man es Leuten bei?

Herta: Methodisch zu arbeiten, macht schon Sinn. Aber wenn Menschen schon ein bisschen mehr geübt haben bzw. mehr in der Übung sind, dann ist es schön, sie einfach frei zu lassen. Fangt mal irgendwo an, ganz spontan. Wo geht es los? Und von da aus arbeitet euch weiter vor.

Wenn ich einen ganz bestimmten Bereich erarbeiten möchte an einem Abend, macht es Sinn, genauere Vorgaben zu machen. Am Boden z. B. die Füße zu spüren, die Beine, das Becken, das Kreuzbein, den unteren Rücken, das Hinterhaupt, die Auflage der Arme … Ich hab ja auch lange so gearbeitet, und das macht auch Sinn.

Aber immer mehr gehe ich dazu über, einfach zu sagen: Spürt mal, wo ihr euch am meisten fühlt am Boden. Wo ist eure beste Auflage oder wo ist euer Gespür am größten, da ist der Boden unter mir. Also da, wo ihr euch am meisten spürt, von da geht einmal aus und wandert durch euch durch in dieser Frage nach der Unterlage. Also diese größere Freigabe.

S: Und beides schließt sich ja auch nicht aus, zuerst das detaillierte Üben und dann die Freigabe.

Herta: Ja, unbedingt.

S: Das ist ja auch sehr deutlich sichtbar bei den Menschen, die man vor sich hat. Ist das Körpergefühl schon soweit da, dass ich diese Freiheit geben kann, oder muss ich doch genauer führen?

Herta: Nun hast du immer eine gemischte Gruppe vor dir. Der eine hat dieses Körpergefühl, und der andere hat es nicht. Und du musst immer als Gruppenleiterin schauen, wie kann ich jedem gerecht werden. Und das ist etwas, was man wirklich lernen muss. Was einem mit der Zeit einfach mehr zu Gebote steht. Auch dass man selbst gut bei sich bleibt, aber doch in der Runde auch gut genug angebunden ist. Du siehst, aha, da ist Not, und es muss noch was dazu. Da geht es schon ganz leicht, da muss ich jetzt gar nicht so viel hinschauen. Und immer wieder die Menschen abholen, die noch nicht da sind und viel Zeit lassen, dass sich etwas entwickeln kann. [...] Das ist eine ewige Aufgabe. Immer wieder neu, bis das wirklich da ist, um es dann wieder zu verlieren. Und das ist auch wichtig, es immer wieder zu verlieren, um es immer wieder neu zu finden. Und diese Zeit dazu lassen, dass Menschen an den Anschluss kommen und immer wieder auch Verunsicherung zu setzen. Und ich glaube, diesen Mut muss man sogar wirklich auch gleich bei Anfängergruppen haben. Sogar mehr als später. Du musst sehr schnell klarmachen: Also hier wirst du nicht bedient, hier darfst du einen Weg gehen, um dich zu erfahren und selber rauszufinden, was für dich gut ist. Ich glaube, das ist was ganz Wesentliches. Das sich immer wieder klar zu machen, wenn man Gruppen leitet.

S: Auch klarzumachen, dass jeder seine eigenen Grenzen sehen muss.

Herta: Und du musst aushalten können, dass Menschen oft lange nicht verstehen. Halt ich es aus, die Menschen so mit sich zu konfrontieren? Bin ich gut genug in meinem Bauch? In meiner Atemkraft? Auch zu ertragen, dass sich manches ganz anders ausgestaltet, als ich mir das gedacht habe. Meine Art ist es nicht, dass alle wunderschön üben. Sondern dass sie finden, und dass sie manchmal gar nicht wunderschön üben; und das muss ich aushalten. [...]

... streicht mal um euren Nabel herum ... ... ja ... das ist eigentlich nur ein kleines Zwischenspiel, das ich euch anbiete ... für das was dann kommt ... noch während dieses Streichens, gleitet ein wenig hinter die Sitzbeinhöcker zum Steißbein ... und lasst euch vom Ausatem aufrichten ... jocht dabei den Unterbauch an mit den Fingerkuppen ... lasst euch mit dem Ausatemstrom zurückgleiten auf die Höhe der Sitzbeinhöcker ... und dann streichen die Hände wieder ein bisschen, und ihr gleitet zurück ... öffnet euch ... ... lasst euch den Ausatem ruhig mal ganz deutlich werden, indem ihr ihn hörbar durch die Lippen ausströmt ... und diesen Strom, der von unten nach oben durch euch durchzieht, nehmt ihn ganz gut wahr ... ... und wartet auf den neuen Impuls, zurück zu gleiten ... ... und da ist dieses Beides im Zurückgleiten ... im Raum geben für den Einatem ... mit den Händen den Raum auch vorne auf der Leibwand zu geben ... und dann der Druck der Fingerkuppen vor dem Ausatem... ... ... die Raffung im Unterbauch ... in der Unterbauchmuskulatur ... die dem Ausatem so ein bisschen mehr Kraft verleiht ... Antrieb verleiht ... ... und das Wartenkönnen auf den Hügeln der Sitzbeinhöcker bis der Impuls kommt, wegzugleiten … … … und lasst euch wirklich empor tragen vom Ausatemstrom … empor bis zum Scheitel … eigentlich über den Scheitel hinaus … … … wenn ihr es zurücknehmt, legen sich die Hände wieder an den Unterbauch oder breiten sich zu den Oberschenkeln aus … schaut, wie es für euch stimmig ist … …

… eine Hand bleibt … oder legt sich neu auf die Mitte … ich sage jetzt nicht Unterbauch – ich sage Mitte … ich sage aber auch nicht Sonnengeflechtsmitte, sondern ich sage Mitte … da, wo jetzt für euch Mitte erscheint … auftaucht … und dieses „Wieso" … … und die andere Hand liegt in der Luft … … und ihr gebt euch ganz in diese andere Hand hinein … öffnet euch in ihr … und lasst die Lösung in ihr zu … es ist eine Weitung … eine Öffnung … und ein Lösen … und die beiden miteinander werden euch mehr und mehr zur eigenen Bewegung, zur eigenen Gestaltung bringen, wenn ihr es wirklich seid, die in dieser Hand sich öffnen und wieder im Rhythmus des Atems es geschehen lasst, die Lösung … … und es geht nicht in eine Leistung, sondern in dieses Sich-Anschauen … ich öffne mich … ich löse diese Öffnung … und ich falle nicht aus ihr heraus … …

… und das ist nicht ein Hin und Her … sondern da sind Übergänge … Übergänge … das Warten nach der Lösung, bis die neue Öffnung sich von innen her zeigt und zeigen will … … sich ausgestalten will … … um zurückzukehren in die Lösung … … … und meine Hand wird mir zeigen, wohin und wie sie sich öffnen will … und durch die Achtsamkeit und das Zulassen wird das mehr und mehr sich verwandeln … werden Möglichkeiten sein dafür … … öffnen … … und dann die Umkehr … … … weit werden … weit werden lassen … … und zurückschwingen … … … die sich öffnenden Hände sind ja auch schauende Hände … oder die sich öffnende Hand … … … und die sich öffnende Hand … die Empfangende … … oder, ich empfange … ich schaue … … bis ich satt bin … …

… ihr löst euch langsam daraus … …

… seid ihr bereit zu dem nächsten und letzten Angebot … es ist die gleiche Wurzel … es ist wieder das Öffnen … und zwar ist es diesmal die andere Hand … und die eine Hand bewahrt die Mitte … eure jetzige Mitte … ich öffne mich, und ich begleite den Ausatem in den Raum … ich kehre in der Lösung nicht zurück, sondern ich öffne mich, öffne mich ausatmend in den Raum, zu dem DU … in den Kreis … … ich öffne mich … was ist das für ein Öffnen jetzt? … begleitet vom Ausatmen … zweierlei Öffnung … … und vielleicht wollen die Hände bald wechseln … oder vielleicht kommt auch der Zeitpunkt, wo es mit beiden Händen erfahren sein will … … … sie begleiten den Ausatem in die Ferne, in die Weite … … … ich öffne mich für den neuen Einatem … … … zu empfangen … das Ausströmen … das Warten … … das innere Begleiten … … … als Spielraum …

… langsam löst euch daraus … … und ruht noch ein wenig auf den Decken…

Dienstags-Arbeitskreis 25. Oktober 1994

Gähnen – Räkeln – Strecken ...

... ja ... es ist gut, bleibt gleich mal stehen ... und so in diesem Kontakt nach unten zum Boden löst immer mal im Wechsel ein Knie ... ein bisschen senkt es sich, senkt das Knie sich auf der einen Seite ... ... und in diesem Rhythmus, diesem Wechsel zwischen dem einen und dem anderen ... und lasst ... spielt euch da so mal so pendelnd ein, bis irgendwann mehr Bewegung daraus entsteht ... ... und langsam ein Kreis oder eine Acht sich entwickelt ... lasst euch Zeit, bis das wirklich soweit ist, dass dieses Kreisen ... diese beiden Kreise ... entstehen ... ... man kann erst diesen Weg ausprobieren ... ... und wo Bewegung ist, taucht innere Bewegung auf ... zwingt sie nicht, sondern ladet sie ein, d.h. sie ist sowieso da ... seid achtsam, um sie zu ehren ... schaut ihr auch ein bisschen zu ... ... bis aus dem Zuschauen ein Hineingehen ... ein Drinnensein kommt ... ... schaut euch auch gut an mit der Veränderung in den Kniekehlen, die so spielen ... ... Überschneidungen der beiden Kreise ... dass die Acht sich bildet ... Kreuzungspunkt ... ... und wenn dann die Hände mit in die Empfindung gerufen werden ... ... die Hände, die der Innenbewegung nachspüren – die innere Bewegung aufnehmen ... es ist nicht so sehr die äußere Bewegung, der die Hände nachgehen, sondern die innere ... ... allmählich lasst ihr euch in eure Mitte tragen ... ...

... und wenn ihr in der Nachschwingung seid ... dann – eure Hände sind noch in der Luft – dann sind die Hände sich einmal anschauend gegenüber in der Luft vor eurer Mitte, vor dem Kreuzungspunkt, vor dem mittleren ... ihr lasst euch im Atem in eure Hände ein ... im Wechsel, stellen sich die Hände den Hüftgelenken gegenüber – und ihr lasst euch in die Hüftgelenksachse atmend ein ... und so geht ihr von hier nach dort ... ... die Breite und die Zentrierung ... die Hände stehen sich in der Mitte gegenüber – eine ist unten, eine ist oben ... gebt Raum für den Atem... ... ... und wenn ich sage Mitte, ist es eure jetzige Mitte ... wo ist jetzt durch das Spiel das Gefühl von Mitte ... der innere Teil der tragenden Kraft entstanden ... schaut doch mal in dieser Weise eure Mitte an ... ... untere Achse und Zentrum ... ... die beiden miteinander ... zueinander ... ... und auch vielleicht dieses Erlebnis, wo ich mich einlasse, da bleibt es nicht so, wie es am Anfang war ... da verändert es sich ... da wächst etwas ... ... das Wachsen ist nicht gemeint in einem Wachsen in Größe ... ... und irgendwann will es zu Ende gehen ... löse ich mich daraus ...

... lasst euch spüren, wie ihr sitzt ... diejenigen, die im Kutschersitz sitzen, sollten sich wieder aufrichten ... ... lasst euch ... ja ... spüren ... wie fühlt sich mein Sitzen an? ... ... denn da ist die eine Seite – die andere Seite des Gesäßes ... die beiden Gesäßhälften ... auch die Füße ... die Fußsohlen auf dem Boden ... bewusst ... Basis ... Sockel ... ... und über diesem Sockel gebt ihr euch seitlich von einer Gesäßhälfte eine ganz kleine Dehnung bis zum Ohr … bis zum seitlichen Kopf … es ist gar kein Großes … sondern es ist eine kleine öffnende Dehnung … … … von der Sitzfläche her … … das ist auch gar nicht ein Gewichtverlagern von einer Gesäßhälfte zur anderen, sondern … es verlagert sich ein bisschen, aber nicht so ganz auf die andere Seite … ihr bleibt auf beiden Gesäßhälften gut sitzen in dieser Schwergliedrigkeit, die vielleicht gekommen ist … … … eine Öffnung in die Seiten … … … eine einladende Öffnung … … … es kann so sein, wie von den Fußsohlen her … … auch die Halsseite öffnet sich … … … und das Ohr … … die inneren Augen schauen ganz in diese Öffnung hinein … … nicht zu viel … … ganz in die innere Öffnung gehen … … … mal dieses ganz tiefe Loten, um die Weite zu tragen … … … zu füllen … … und ihr nehmt es zurück … … … und wo die Nachschwingung so ganz deutlich ist und deutlich wird, da berührt euch mit den Händen … begrüßt sie … seid nochmal ganz dieser Nachschwingung zugewandt … …

… und jetzt kommt nochmal zum Stehen … … und im Stand nochmal sind die Hände vor dem Leib … schauen sich an … sind sich in ihrer Innenseite zugewandt … nochmal ist die Einladung für den Atem zwischen die Hände, und nochmal geht es um unsere Achse … aber ihr geht einfach mit dem Atem in euren Händen in die untere Achse hinein … ihr nehmt euch mit in die untere Achse, mit dem Atem in euren Händen … ich fange einfach mal an zu üben … sonst wird es noch kompliziert … … lasst den Atem fließen, wie er will, wie er sich in dieses gewisse Spiel – untere Achse / Zentrum – weiter ausbreitet: untere Achse / Mitte, wie er sich da hineingeben will … wie er sich da entwickeln will … schaut … … … durchlässig in den Knien … … die Weite und die Zentrierung … die untere Achse … … der Atem in euren Händen … lebendige Hände … spürsame Hände … … … oder auch die Hände in eurem Atemfluss … … … lasst euch tragen …

[*Alle setzen sich.*]

… und da wo ihr jetzt seid, schaut euch nur ein paar Atemzüge, Atemzyklen, noch mal zwischen Fußsohlen – Gesäß – Auflage auf dem Hocker und eure Seiten bis zu den Kopfseiten zu den Ohren hin an … je offener die Seite, desto tiefer die Verankerung … …

… und jetzt kommt ihr noch einmal zum Stehen … … schaut, dass ihr Platz habt … gebt dem Hocker vielleicht einen Schubs nach hinten … … beginnen tut es ganz einfach mit einer kleinen Diagonal-Bewegung im Becken … also das Becken, das sich in der Diagonale dreht … … der Ansatz, wir haben was Ähnliches erlebt mit den Knien … hm … die Knie, die sich nach vorne senken … der Ansatz ist jetzt einfach ein Stück höher im Becken … … … und das hat seine Auswirkungen natürlich … … … ihr geht ganz da hinein in die Empfindung … … … mal in einer anderen dichteren Weise, die Hüftgelenksachse, die da angesprochen ist … … … die Zunge ist frei … … es hat seine Auswirkungen auf den

Schultergürtel ... aber der Schultergürtel ist nicht in erster Linie angesprochen in der Bewegung ... ...

... ja ... und wenn es erfahren ist, ist es schon gut ... lasst es ein bisschen nachschwingen ... ... und im Nachschwingen spielt ihr mit dem Becken um eine Acht ... eine liegende Acht ... spielt ihr ganz spielerisch, ganz leicht ... ... das Becken ... das Becken – es ist noch gar nichts anderes gemeint ... das Spiel im Becken ... ... rund oder oval ... weich, glatt ... spielerisch ... ... es ist nicht nur ein Hin und Her ... es ist was ganz Rundes ... ... immer nochmal ist die Möglichkeit, die Bewegung weiterzuleiten – in die Hände – in die Arme – sie zu begleiten ... ... und wen es eher verwirrt, der soll es lieber lassen ... es geht nur darum, in die Begegnung der Achse – achtender unteren Achse – einzugehen ... ... bis es allmählich ausschwingt ... ... und auch, lasst es ausschwingen ... nehmt es nicht einfach zurück ... sondern es schwingt ... es schwingt nach ... ...

... und dann nehmt euch Zeit zu ruhen auf dem Boden ...

Gespräch

S: Durch die Übung habe ich die Weitung des inneren Raumes erlebt und das Transparent-Werden ... ich habe gespürt, wie die Bauchmuskeln den Ausatem in die Tiefe holten. Ich spüre das sonst nicht so. Ich denke, dass das immer so sein müsste.

Herta: Warum muss das immer so sein? Nichts muss immer sein.

S: Ich empfinde es als Manko, dass ich das so selten spüre.

Herta: Du hast eine Sehnsucht und meinst, dass du manchmal vielleicht zu wenig spürst. Die Muskeln dienen dir, sie dienen dem Atem. So würde ich sagen. Aber sie sind nicht die Herren des Atems. Die Muskeln dienen, so dass der Atem schwingen kann nach deiner inneren Empfindung. Und du hast ja eigentlich auch gesagt, du warst so in dieser Empfindung drin.

S: Ja, das erinnert mich nur, wenn man Tiere atmen sieht, eine Katze oder einen Hund, dann wundert mich das immer, wie das so ein Schwingen ist, das ich bei mir normalerweise nicht spüre.

Herta: Du bist ja auch kein Hund! Das heißt ja eigentlich, da siehst du den ungestörten vegetativen Atem ... Es geht jetzt eigentlich in diesem Spiel gar nicht so sehr um diesen vegetativen Atem. Je innerlicher, je tiefer innen der Atem in deiner Empfindung ist und lebt, anwesend ist, „west“, desto weniger wird nach außen ein vegetatives Zeichen zu sehen sein. Natürlich wirst du immer, wenn du dich ausziehst und dir zuschaust, wie du atmest – wirst du immer merken, irgendwo wird es sich weiten und irgendwo wird es zurückschwingen. Daran kannst du auch sehen, wenn du es nicht spürst, wo hauptsächlich dein Atemhaus ist. Also wo du hauptsächlich lebst in deinem Atem. Mal ist es bei Menschen mehr da, manchmal ist es mehr dort, und manchmal ist es nur in der Tiefe und erreicht keine höheren Bereiche. Auch das ist also nicht mehr der ungestörte vegetative Atem. […] Dieser Unterschied zwischen der Empfindung für den Atem – für dein leibliches inneres Geschehen – dieser Unterschied zwischen dem Körper, dem materiellen Körper und dem Atemkörper, ist mir nochmal sehr deutlich geworden. Also dieser beseelte – im Atem beseelte – Leib, der sich in einer völlig anderen Weise in deiner Empfindung darstellt, als der Bauchmuskel, der da hin und her geht. Der vegetative Atem ist auf jeden Fall ganz in der Tiefe eingebettet. Und es geht im Grunde auch immer wieder darum, den Menschen durch seine Empfindung wieder in einen ungestörten vegetativen Atem zu bringen. Der vegetative Atem des Tieres ist halt ein Atem, der völlig im Unbewussten läuft. Nicht nur des Tieres – auch bei Menschen. Und oft sind sie in ihrem Atem gestört, und da fangen die vegetativen Erkrankungen oder Störungen an. […] Das ist wirklich ein Gesetz, je kleiner die Außenbewegung, desto größer die Innenbewegung, desto innerlicher die Empfindung. Aber es braucht die Vorbereitung.

Dienstags-Arbeitskreis 08. November 1994

Bereitet euch vor … …

… lasst euch gut auf dem Hocker nieder … die Füße auf dem Boden … und legt doch gleichzeitig schon einmal die Hände an die Nieren … lasst sie da eine Zeit liegen … und lasst euch unter den Händen ein … … … öffnet euch … … lasst die Nase wach werden … … und irgendwann gebt ihr euch so eine ganz kleine Bewegung in die Mitte hinein … … am besten schaut ihr mir mal ein bisschen zu … [*die Schultern gehen abwechselnd vor und zurück, es entsteht ein leichtes Schwingen, das sich nach unten fortsetzt*] … sie beginnt eigentlich im Schultergürtel, wirkt aber in den Mittengürtel, Nierengürtel hinein … so ein ganz kleines Bewegungsspiel … und lasst es auch wieder ausklingen … das ist keine große Bewegung … lasst es ausschwingen, immer wieder zwischendrin … oder ganz klein werden … dann beginnt es wieder irgendwo … weich … ein bisschen länger … und … bekommt seinen Gipfel … und schwingt wieder aus … die Nase bleibt wach … … … solange ihr da drinnen bleiben wollt … und ihr spürt: ja, es ist gut … ich kann es noch ein bisschen brauchen …

… lasst euch zu eurer Zeit los, streicht dabei … lösend über die Flanken nach vorne zum Sonnengeflecht [*die Fingerspitzen zeigen Richtung Rücken, der Zeigefinger berührt den unteren Rippenrand, der Daumen Richtung Sonnengeflecht, dann legen sich die Hände auf das Sonnengeflecht*] … lasst euch fühlsam unter den Händen ein ... begegnet ihnen von innen ... ... da sein ... ... einfach da sein und spüren ... sich einlassen ... ... mit sich sein ... bei sich sein ... ... und es ist auch sehr schön, sich in der Differenzierung anzuschauen, einmal eine Hand auf dem Sonnengeflecht und auf einer Niere oder auf dem Sonnengeflecht und auf einer Flanke ... den Raum öffnend zwischen den beiden Händen und den Fluss des Atems zulassend ... ... immer wieder die Nase ... ... es ist so ein bisschen, wie nach Hause gehen ... nach Hause kommen ...

... und nach einer Weile legt ihr die Hände wieder auf die Nieren und beginnt nochmal das gleiche Bewegungsspiel wie vorher ... das Wachsen der Bewegung aus der ganz kleinen oder ein bisschen größeren Bewegung ... und das Zurückschwingen in das ganz Kleine ... ...

... wenn ihr es irgendwann beenden wollt, dann breitet euch in den Hintergrund ein wenig aus, indem ihr von den Sitzbeinhöckern in Richtung Steißbein gleitet ... und lasst eure Hände von den Flanken nach vorne zum Sonnengeflecht streichen ... ... lasst euch so eine kleine Zeitlang in dieses Spiel ein, und dann nehmt ihr jetzt die Handrücken auf die Nieren – die Handrücken streichen über die Nieren in der Zeit, in der ihr euch nach rückwärts öffnet ... über die Flanken kehrt ihr zurück zur Mitte, in der Aufrichtung ... ... es ist eine weiche, kleine Bewegung ... es ist keine große ... und es geht nicht um den unteren Bauch – es geht um das Sonnengeflecht, und es geht um die Mitte, den Mittenraum – die Bewegung von den Flanken zum Sonnengeflecht ... ... sich in den Hintergrund ausbreiten und über die Flanken wieder nach vorne zurückgleiten, und die Kraft des Sonnengeflechts erfahren ... ... ein Sammeln des Ausatems in das Sonnengeflecht hinein ... die Weite des Rückens ... die Weite des Hintergrunds und die Sammlung, die Zentrierung in den Ausatem ... ... es ist wie ein Hineinfließen in den Raum des Sonnengeflechtes ... ein Ausbreiten – die Nieren, Flanken ... ... sehr liebevoll geht damit um ... ... breitet euch aus in die Nieren ... ja ... ... und wenn es zu Ende geht, ruht noch eine Zeitlang unter euren Händen, die auf dem Sonnengeflecht liegen und ... spürt nach ...

... und dann legt eure Hände auf die Oberschenkel und gebt euch nochmal – aber diesmal nicht mit den Händen auf den Nieren – diese kleine Schwingung im Schulterbereich, die in die Mitte hinein zielt ... ganz klein ... öffnet den Bereich der Mitte ... ... Nase ... ... eine Hand legt sich auf das Sonnengeflecht ... es geht noch ein bisschen weiter ... in diesem kleinen Bewegungsspiel ... ... es schwingt langsam aus ... ... und bleibt noch im Nachspüren ... in der inneren Schwingung ...

... wenn ihr dann bereit seid, ist ab und zu ein P in eurem Ausatem ... ... lasst euch Zeit – immer wieder – erst mal dieses Nachschwingen, die Nachwirkung des P ... dieses Lippenverschlusses ... was dadurch geschieht – und es wirken lassen, durchlassen bevor wieder ein solches P kommt ... ... lasst es schon mal wieder los ... ...

... und da ist jetzt ein K ... ... seid sehr achtsam für das, was danach geschieht ... was dabei geschieht, was danach geschieht ... ... und langsam auch Unterschiede in der Stärke ... findet raus, was ist zu viel, was verhindert schon wieder ... was ist zu wenig, was ist, wenn zu wenig geschieht ... und was ist es genau, dass es geschehen kann? ...

... dazwischen legt mal wieder ein P in den Ausatem, um zu sehen ... ... und dann lasst auch das wieder los ...

... und dann ist es noch das T ... ... und dazwischen wieder ein P oder K ... ...

... wenn es genug ist, dann streicht ihr euch um eure Mitte herum aus ... um diesen Raum ... ... und kommt dabei schon mal zum Stehen ... macht euch Platz ... dass ihr um eure Mitte herum schwingen könnt ... ... die Fersen bleiben am Boden ... ... die Knie sind frei ... ... solange es euch gut tut ... ... lasst euch dann eine Weile stehen ... ...

... die Hände legen sich im Stehen, nochmal ganz wie zu Beginn im Sitzen, auf die Nieren ... ... die Nase ist lebendig ... ... die Hände streicheln zu den Seiten herüber ... liegen auf den Seiten, auf den Flanken ... ... und treffen sich dann auf dem Sonnengeflecht ... ...

... ruht dann ein wenig am Boden nach ...

Dienstags-Arbeitskreis 15. November 1994

Über die Atembehandlung

Herta: Also, was klar ist, es wird heute ein Behandlungsvormittag sein. Aber ich möchte gerne, dass wir uns vorbereiten für die Behandlung. Und vielleicht fangt ihr erst mal so für euch alleine an, und ich werde dann mit reinkommen.

[*10 Minuten freies Üben*]

... lasst das jetzt dann gut sein ... und macht euch im Nachhinein klar: was war mir eigentlich das Wichtigste in diesem Mich-Vorbereiten ... was war mir wirklich das Wichtigste ... was war für mich wesentlich? ... ... und wo es auftaucht, da gebt es einfach in den Kreis hinein ... was war wesentlich in dieser Vorbereitung? ... ... es muss kein Gespräch sein ...

[*Antworten aus der Gruppe: ... mich zu erden ... mich zu sammeln ... die Basis und die Verbindung mit den Händen ... das Herz öffnen ... ankommen bei mir und loslassen von mir … zur Ruhe kommen … ankommen und aus der Mitte Kraft schöpfen …*]

… lasst eure Hände sich begegnen … … … und lasst euch ein in diese Begegnung eurer Hände … … dann liegen eure Hände in der Luft … … … … und drehen sich in den Handgelenken, sie drehen sich lösend … senken sich … … aus der Drehung heraus … … … seid ganz durchlässig in den Handgelenken … ganz freigebend in den Handgelenken … und es geht vorerst nur um die Verbindung zwischen Unterarm und Hand … dieses Lösen der Innengelenke … … … und sie fallen in dieser Lösung des Gelenkes … ja … ich will es mal so sagen: einmal in der Pronation, einmal in der Supination … also sie senken sich einfach in der Drehung … am Ende der Drehung in die Tiefe … … … gebt sie frei … … wartet auf den Impuls für die Drehung … …

… … wenn einmal wieder die Innenhände nach oben schauen … dann nehmt ihr ein anderes Thema in die Hand … und zwar, die Hand, die sich von ihrer Mitte her öffnet … weitet … und löst … und immer wieder dieses Spiel, ich öffne mich … … und ich löse mich aus der Öffnung … und ich spüre die Zeit für die neue Öffnung … … immer ganz in diesen Händen … … … geht mit eurer ganzen Empfindung in die Öffnung … und wieder in das Lassende … …

… und irgendwann stellen die Hände sich dem Gesicht gegenüber, in einem Abstand, und ihr bleibt in diesem Öffnen und Lösen der Hände … in dem Raum vor dem Gesicht … … … der Nacken ist frei … der Raum zwischen den Händen und dem Nacken … Hinterhaupt … … … dieses Spiel des Weitwerdens und Lösens bleibt in den Händen … … und irgendwann wandert ihr vom Gesicht zum Herzen … auch hier ist es dieser Raum zwischen Händen und Körper, den ihr euch gebt … weitet … Raum … … … auch der Herzhintergrund … … … gebt dem Herzen Raum … …

… und von da wandert ihr in eurer Zeit zum Raum der Tiefe … Becken … … und auch da, Raum zwischen Händen und Leib … … … Raum zum Kreuzbein – zum Beckenhintergrund … … … und so stellt ihr allmählich die Verbindung her zwischen Bauch, Herz und Kopf … zwischen Kopf, Herz und Bauch … … zwischen Herz und Bauch **und** zwischen Herz und Kopf … … findet euch in diesem Zusammen ein … … … und der verbindende, schwingende Atem … … … der öffnende und zusammenbringende …

Ja, wir werden uns nicht immer dieses lange Vorbereiten geben können. Nur war es wichtig zu zeigen, wie gut es ist, sich vorzubereiten, wie gut es ist, erst einmal bei sich anzukommen. Genau das, was du gesagt hast: zu sich zu finden, und dann sich wieder loszulassen; und bist du jetzt gut bei dir, kannst du zu einem anderen Menschen gehen. Bei Martin Buber, in *Der Weg des Menschen*, heißt es: „Durch sich durch gehen und sich dann vergessen. Das ist das Wichtige, wir können uns nur vergessen, wenn wir durch uns durch gegangen sind."

Gespräch

[*K legt sich, Herta demonstriert.*]

Herta: Was war das, was ist geschehen? [*Hertas Hand lag lange zwischen den Schulterblättern.*] Konntet ihr verstehen, warum ich meine Hand ganz lange da gelassen habe? [...] Man muss natürlich schon wissen, bei wem man das macht, wen ich so berühren kann, wer darauf einsteigen kann, das ist ganz klar. Das würde ich bei jemandem, mit dem ich weniger gearbeitet habe, so nicht geben. Aber, es war für mich ganz klar – auch eigentlich in dem Wissen, um das, was du gerade so hinter dir hast – dass ich da sofort fragen kann – und dass ich dich sofort mit deinem Herzen konfrontieren kann. Ja, dasein und auf dich warten. Da war dieses Gefühl, ich werde auf dich warten, und ich brauche dir keine zwei Hände zu geben, sondern eine, meine Herzhand, und ich kann mich verbinden mit dir und warten. [...]

K: Es war genau die Stelle hinter dem Herzen, die gefragt war. Als die Hand kam, wurde die Enge deutlich. Und dann war die Basis besser angenommen – da konnte der Atem hingehen; auch in den vorderen Bereich, und dann, so langsam, wurde es freier im oberen Bereich. Und das war gut. Es brauchte auch nicht mehr. Also für den Atem war es ausreichend – deine Hand so als Spiegel.

Herta: Das Interessante ist ja, so ist es mir teilweise auch in der Behandlung gegangen. Manchmal tut sich ein Thema während der Behandlung auf, und manchmal ist ein Thema sofort da. Und dieses Thema, das sofort da ist, das soll man auch nicht verlieren. Aber man muss nicht nur an diesem Thema bleiben – also man bleibt an dem Thema – aber es gibt für dieses Thema ein Umfeld. Das ist sehr wichtig. Sonst könnte man jemanden außerordentlich bedrängen. Also, ich gebe ein Umfeld, ich bette es ein in das Ganze. Aber es bleibt deutlich, das ist das Thema. [...] Es geht nicht darum, dass jemand in einen riesengroßen Atem kommt. Aber es geht auch nicht darum, dass man den Atem bewusst kleiner hält. Wenn du in der Behandlung spürst, da ist Spannung, da ist Enge, dann muss sich der Atem erst durch dieses Spannungsgebiet durcharbeiten. Und je mehr Spannung, desto größer wird der Atem. Und wenn er sich durchgearbeitet hat, dann wird er von allein in ein richtigeres Maß kommen als vorher. [...] Man muss nicht erschrecken, wenn der Atem auf einmal riesig wird. Man muss aber erkennen, schnauft jemand da jetzt furchtbar hin, oder reagiert der Atem auf das, was ich tue und befreit sich. Wenn der Atem so groß wird, spüren die Menschen, das ist Arbeit – und du lädst ein als Behandler durch die „Arbeit" durchzugehen und machst klar, das ist es. Es kommt und geht – du bist in deiner Empfindung, du bist in der Empfindung der Begegnung, nicht nur in der Empfindung deines Atem, sondern in der Empfindung der Begegnung.

K: Ja, das kommt nämlich noch dazu, die Begegnung. Man ist ja nicht allein, sondern da kommt dann nochmal die Hand, noch einmal ein Impuls. Das war nur angenehm, danach war ich erschöpft. Dann kam nochmal ein Impuls, und da war es eine Begegnung. Und dann war der Anschluss da. Aus der Begegnung konnte, durfte der Atem in diesen Raum gehen. [...]

S: Also ist die Hand des Behandlers die Hilfestellung.

Herta: Das ist zu eng gesehen. Wenn die Begegnung nur Hilfestellung ist, dann ist das zu wenig. Das würde mich z. B. in meinem Behandeln eingrenzen und einschränken. Ich will dir nicht nur eine Hilfestellung geben, sondern ich will dir begegnen.

K: Also die Herzöffnung kann so nur geschehen in der Begegnung. Das war nicht Hilfestellung. Das kann passieren, muss aber nicht, darf passieren.

S: Ich meine schon, in der Begegnung sich helfen. Indem du dich da wirklich rein begibst, wo der andere dich fragt oder ruft. Da bist du präsent, und das hilft dem Atem.

Herta: Du kannst das auf jede Partnerschaft übersetzen. Wenn ein Partner dir nur Hilfestellung gibt zum Begegnen, dann ist er nicht dein Partner. Wenn aber ein Partner, durch seine Art, da zu sein, dich dazu bringt, dein Herz zu öffnen – dann ist das eine Begegnung. Vielleicht kann man hinterher sagen, diese Begegnung war eine Hilfe für mich. Eine wirkliche Begegnung ist unsere Rettung. In der Behandlung bringt dich die Begegnung zu dir selbst – im Schmerz oder im Glückhaften.

S: Du hast das ja gesehen, was sich da Raum schaffen will und bist dem Einatem gerade im unteren Bereich sehr entgegengegangen. Und dadurch hat sich das ganz langsam vollziehen können. [...]

K: So, eine Frage hätte ich noch: Warum bist du nicht tiefer gegangen? Ich kenne das so aus Behandlungen, da kann der Atem sich oft nochmal tiefer senken.

Herta: Also, das war für mich einfach die Entscheidung, wenn ich tiefer gehe, dann hätte ich noch länger arbeiten müssen. Mein Thema war, dich hier anzuschließen und dein Herz zu öffnen, ja, dich zu begrüßen hier. [...] Es ist mir heute in der Behandlung nochmal sehr deutlich geworden, wie das Herz sich eigentlich nur ganz frei geben kann, wenn diese Gemütsregion [*Herta zeigt auf die Flanken*] – dieser weiche Bereich zwischen den zwei von Knochen eingegrenzten Bereichen – befreit ist. Und da kommst du so stark an das Gefühl, an die Empfindung und an das Gefühl. Und beides hat seinen Platz, wenn wir es zulassen können.

[*Es behandelt noch S1 Partnerin S2.*]

S spricht an, was sich in der Nachruhe für ihn zeigt.

Herta: Das, was an Arbeit hinterher geschieht, ist ja oft das Allerwesentlichste. Das zu begreifen – was bedeutet das jetzt eigentlich? Warum ist es so – oder warum ist es ganz anders? Warum kämpft der Atem im Nachhinein, oder warum hört er auf? Schluss. Punkt. [...] Könnt ihr etwas zum Behandlungsstil sagen? Jeder hat ja so auch seine Art – eine eigene Weise. Auch das „Wie“ ist ja eine Weise, die man sich selten nur so erarbeitet, sondern die man auch ist.

S merkt an, dass S1 immer mit zwei Händen gleichzeitig gearbeitet hat. Er selbst hat eine Hand, die stärker ist und eine, die begleitender ist. Eine Hand führt mehr, die andere gleicht mehr aus; jedenfalls ist eine Hand dominanter, während ihm bei S1 aufgefallen ist, dass beide Hände sehr gleichwertig waren. [...]

S1 hat sich durch Hinweis von Herta (sie saß zu weit weg) irritieren lassen, statt es als Hilfestellung zu nehmen.

Herta: Je sensibler wir sind, desto mehr müssen wir uns gut erden, in unserer Kraft angebunden sein. Der Atem ist die Kunst der Elastizität – des Abfederns. Und wir, die wir im Atem weitergeben, müssen tatsächlich an unserer Möglichkeit, abzufedern, arbeiten. Abfedern heißt auch nicht, dass mir alles egal ist. Ich könnte ja auch sagen, gut, ich lass mich durch nichts irritieren. Das wäre die größere Katastrophe.

Dienstags-Arbeitskreis 29. November 1994

Herta: Ja, dann lasst uns beginnen ...

... lasst euch die Füße am Boden spüren ... den Kontakt zum Boden ... lasst euch nach einer Weile das Gesäß auf dem Hocker spüren ... den Kontakt zum Hocker ... und spielt euch ein wenig in der Bewegung über die Sitzbeinhöcker in den tieferen Kontakt zu diesen beiden Ebenen – Basisebenen – hinein ... ... und auch da ist es eben gar nichts Spektakuläres, sondern eben wirklich ein kleines, fragendes Bewegen bei diesen beiden Ebenen Basis – Getragensein ...

... lasst euch in die Bewegung hinein tragen ... ihr wisst es oft gar nicht genau, wie geht es an und wo führt es mich hin ... ... immer wieder in diesem Nachspüren, diesem Gespür für die wechselnden Gewichtungen auf den Basisebenen ... ... die innere Bewegung, die die äußere trägt ... die äußere die innere erweckt und dann getragen wird ... ... und die Nase, die in diesem Spiel ganz von selbst wach wird ... freier wird ... Eingang für die Luft ... ... ja, und schaut euch immer wieder in dieser wechselnden, sehr verschiedenen Gewichtung an ... wo taucht auf einmal ein Fuß deutlicher auf ... oder eine Beckenseite ... deutlicher oder gleichzeitig ... oder ein Fuß und eine Beckenseite ... ... tragen lassen – führen lassen – geschehen lassen ... ... und dann eben, das ist wichtig im Moment, **euch** immer mitnehmen ...

... schaut mal, ob irgendwann das Bedürfnis kommt, die Hände zu lösen ... die Hände von den Oberschenkeln zu lösen und diese Bewegung – Innenbewegung, die die äußere führt – noch weiter zu nehmen, in der Bewegung einer Hand, eines Armes, beider Hände, beider Arme ... gar nicht nachdenken, so ... geht es einfach weiter ... es einfach weiterführen ... und ganz vergessen, was mal war ... jetzt, wie führt sich das jetzt weiter? ... und trotzdem vergesst ihr nicht die Erde ... die Füße auf dem Boden, Gesäßebene auf dem Hocker ... ganz im Gegenteil ... jetzt braucht ihr sie umso mehr ... lasst es fließen ... lasst es durch euch durch fließen ... Bewegung ... ... und die ständige Veränderung, die Gewichtung, die Gewichtigkeit ... auf den Basisebenen ... ... dieses Gefühl dafür, da ist jetzt mehr Gewicht, das nehmt mit in die Bewegung hinein ... ... das gehört mit dazu ... . das Erspüren ... das Spürende der Bewegung ... verbindende Bewegung ... integrierend ... ... Bewegung schafft Raum ... schafft Raum um euch herum, in dem ihr euch bewegt ... ... seid durchlässig für die Hände ... haltet die Bewegung nicht in den Händen oder in den Handgelenken ... in den Fingergelenken ... lasst sie durch, durch und durch ... ... und seid nicht eng in den Achselhöhlen, gebt euch auch diesen Raum dazu ... und spürt ... wenn es gerade erst geschieht, die Veränderung ...

... und lasst euch die Basis spüren ... euch in der Basis ... oder: eure Hände spüren die Basis ... ... und langsam trennt ihr euch dann mal von diesem Spiel ... ihr werdet wieder dahin kommen ... nehmt es dann zurück ... im Zurücknehmen verliert ihr es nicht ... ja ... und schaut auch, wie ihr es zurücknehmt ... ...

... eure Hände sind vor dem Gesicht, in einem Abstand, und ihr lasst euch ein in den Raum – gebt eurem Gesicht, eurem Kopf, Raum zu den Händen hin ... eure Hände umkreisen dann auch mal den Kopf, um euch euer Umfeld in diesem Bereich zu zeigen und euch darin einzufinden ... und euch dahin einzuladen ... ... wenn die Hände mal an den Ohren, im Abstand zu den Ohren sind, dann lasst euch in die Achse zwischen den Händen in die Ohrachse ein ... lasst euch den Raum zwischen den beiden, eben einen Achsenraum, spüren ...

... ... und den Raum zwischen den Händen vorne und dem Hinterhaupt, Hinterhauptsansatz, Hinterhauptsloch ...

... wenn ihr über der Schädeldecke seid, dann lasst euch in die vertikale Achse ein zwischen den Händen und der Basis, der Sitzbasis ... Fußbasis ... wie befindet ihr euch in dieser Erfahrung? ... geht gut damit um – übernehmt euch nicht ... wollt nichts ... gebt euch die Möglichkeit ... das ist alles ... ... und öffnet euch ... ... Empfindungsraum ... ... und Schwingungsraum ...

Ja, ich möchte daran weiterarbeiten, möchte aber zuerst mal ein kleines Rundgespräch mit euch, wie es euch gegangen ist, was war. Etwas scheinbar Altbekanntes und jetzt auch noch einen Gesprächskreis darüber! Es ist doch schon längst klar, und ich merke bei mir selber, es ist wirklich immer wieder total neu.

Gespräch

Herta: Es ist mir im Moment ein ganz besonderes Anliegen, an das Phänomen der Bewegung, die aus der inneren Schwingung entsteht, zu kommen. Und das ist oft ein langer Weg, bis es wirklich stimmt. [...] Die Gefahr besteht, in der Suche stecken zu bleiben, im „So habe ich es immer gemacht" und dann ist man nicht im Anschluss, und nimmt sich alle Möglichkeiten. Im Leben ist es oft genauso.

S: Bekanntes ruft alte Erinnerungen wach, und man lebt in der Vergangenheit. Diese Arbeit führt einen in das Jetzt, in die jetzige Wahrnehmung. Mit den Übungen, die man eigentlich schon kennt, kann man neu ausprobieren, wie es geht.

Herta: Neu sich einlassen; ausprobieren ist eigentlich gar nicht der richtige Ausdruck. Es birgt die Gefahr in sich, dass es nur experimentell ist, aber ich verstehe, was du meinst.

S: Es ist für mich auch wichtig in der Gruppe klarzumachen, es kommt überhaupt nicht auf die äußere Form an, sondern es kommt drauf an, wie du reingehst.

Herta: Und doch kommt es später, wenn man mehr Übung hat, auch auf die äußere Bewegung an. Denn du kannst an der äußeren Bewegung sehen, ob sie im Anschluss an die innere Bewegung ist. Aber am Anfang musst du natürlich sagen, es muss nicht so sein, und es muss nicht so wunderbar sein. [...]

... wisst ihr was. Vielleicht ist es ganz gut, zwischendrin zu stehen ... wir sind schon so lange gesessen ... und einfach mal die Arme um den Rumpf schwingen zu lassen ...

... also ihr erinnert euch an die verschiedenen Elemente, und ich werde jetzt mal nicht soviel sprechen ... ... sobald in diesem beginnenden Spiel die Nase auftaucht, nehmt es wahr und bleibt in diesem Gefühl, in dieser Empfindung für sie ... ... und das ist immer das Spiel von Weitwerden und Zurückschwingen ... ... das Bewegungsspiel ... immer wieder andere Räume, die sich öffnen ... ... und die in die Gestaltung drängen ... ... das ist wie ein nächster Schritt ... neu ... ein ganz eigener ... ... die Hände getragen von der inneren Schwingung ... Hände und Arme ... und aktiv werdend in der Gestaltung ... aber ganz von diesem Anschluss aus ... ... in den eigenen Ausdruck ... ... und die Füße auf dem Boden und das Gesäß am Hocker ... ... spürsame ... weiterführende Hände ... nehmende ... ... Schwingung nehmen und gestalten ... . euch ausdrücken ... euch zeigen ... ...

... und irgendwann taucht nochmal der Kopf, der Raum um den Kopf und die Schwingung zwischen Basis und Kopf, auf ... die Ebenen, die Achsen ... die Ohr-Achse ... die Achse Gesicht / Hinterhaupt ... die Achse Schädeldach / Basis ... und alles taucht in der Gestaltung auf ... ... und ihr löst euch in eurer Weise daraus ... ...

... erinnert euch noch mal mit den Händen, die vor dem Gesicht sind im Abstand ... die Empfindung – eure Empfindung im Gesicht ... löst euch noch mal ganz in dieses Gefühl hinein ... begebt euch hinein ... ... findet auch den Abstand, indem ihr euch wirklich den Raum nehmt, den ihr für diese Erfahrung braucht ... ... wenn es da ist, dieses Gefühl dafür, dann legen sich die Hände zurück an die Oberschenkel, und ihr gebt dem Ausatmen ein Summen ... im Einatem wird euch von Neuem eurer Gesicht ganz bewusst ... ... und wenn die Hände frei sein wollen, für die Schwingung – lasst sie frei ... ... und wenn ihr mögt, gebt euch noch ein wenig Ruhe am Boden ...

Herta: Wie geht es euch jetzt? Ich empfehle euch sehr nach euch zu fragen, wenn ihr für euch Zeit habt. Vielleicht hat das was mit der Libido zu tun oder kommt das jetzt – oder was ist da?

S: Ich bin immer im Zweifel, bin ich das, was ich da mache oder nicht?

Herta: Also diese Frage an dich. Da gehe weiter und gib dir einen kleinen Kredit – so zu tun, als ob – das darfst du ruhig.

S: Ich spüre dann auch immer, ich will mich nicht verlieren.

Herta: Ja, vielleicht kannst du dich da gewinnen. Ich glaube, das ist für dich jetzt ganz wesentlich. Diesen Schritt zu tun und dann ist das so eine Entdeckungsreise. „Ich will mich nicht verlieren“ und oft ist der nächste Schritt, „Verliere dich mal endlich!“

S: Ja, nur ich habe so das Gefühl, in der Vergangenheit habe ich mich immer verloren.

Herta: Ja, ja, das verstehe ich schon. Und trotzdem, verliere dich, aber bleibe im Anschluss. Bleibe im Anschluss und verliere dich. Das klingt so paradox. Aber das ist es.

Dienstags-Arbeitskreis 06. Dezember 1994

Gespräch über Behandlung
Thema: Weggehen des Behandlers aus dem Kontakt

Herta: Wichtig ist, zu erkennen, was in den fünfzig oder sechzig Minuten der Behandlung an unterschiedlichem, nonverbalem Kontakt geschieht. Du bist da als Mensch, und du bist nicht immer fünfzig Minuten in der gleichen Art da. Es ist wahrscheinlich auch dieses Spiel, durch das in der Behandlung etwas geschieht. Ich glaube, keiner könnte diese äußerste Intensität, weder als Behandler, noch als Behandelter eine Stunde lang, also immer, so durchhalten. Ich kenne das auch von mir, dass ich manchmal merke, oh ich bin ja ganz woanders. Dann komme ich zurück und nehme das nicht tragisch. Es ist einfach so. […] Wichtig ist halt dann für beide – für den Behandler und den Behandelten – sich wieder an den Atem anzuschließen. Aber vielleicht sind das ganz notwendige Pausen für deine Seele und für die Seele des Menschen, es ist sehr spannend. […] Wenn ich mit jemandem neu anfange, geschieht im Atem vorerst noch wenig, da ist noch gar kein Verständnis. Der Atem oder die Schwingung versteht nicht. Die Seele kann sich da nicht einlassen. Und das verändert sich nach ein paar Stunden. Und manchmal spüre ich in einer Behandlung und bin sehr beglückt: J e t z t! Und ich kann es eigentlich bis heute nicht richtig benennen. Da ist vielleicht schon jemand ein halbes Jahr da. Jetzt beginnt es. Jetzt können wir beginnen zu arbeiten.

Übung

Wir beginnen mit Dehnen, das langsam in ein Schwingen der Arme um den Leib übergeht …

… und wenn das langsam ausschwingt … und während des Ausschwingens … geht an dieses Gefühl, wie geht es mir denn da? … wie fühle ich mich denn da? ... was entsteht denn da? ... mehr und mehr ... ... und wenn da ein Wort dafür ist, dann sagt es einfach so in den Kreis hinein ... das, was am deutlichsten geworden ist ...

[*Antworten aus der Gruppe: Leichtigkeit, luftig, Lust, lebendig, gelöst, heiter, Himmel, unbeschwert, wunschlos, Intensität ...*]

... und langsam geht es zu Ende ... und im Nachhinein streicht ihr euch über das Brustbein, über die Schlüsselbeine ... ... und rüber zu den Schultern ... ... lasst euch nun ein bisschen pendeln zwischen den beiden Füßen dabei ... einfach noch ein bisschen an diesem luftigen Spiel bleiben ... ... da ist so die tragende Erde – der Boden – und dann das kleine Spiel der Bewegtheit über dem Boden ... Freiheit ... das Luftige ... ... und der Kontakt zum Boden ... ... und allmählich wird aus diesem liebevollen Streichen ... oder Dasein ein kleines, ebenso liebevolles Klopfen ... ... und das Gähnen taucht schon mehr und mehr auf ... und die Kehle ... bekommt Freiheit ... Gelöstheit ... und dann kann auch allmählich ein Klang heraus geklopft werden ... ... und schauen, was kommt ... ... gebt die Kehle noch mehr frei ... ... gebt auch die Hände frei ... ... öffnet sie ... ... dazu müsst ihr loslassen ... ... lasst die Stimme weit werden ... ... geht weiter ... ... bis es von alleine aufhört.

Wie geht es euch jetzt? Was ist da?

Herta spricht über den Unterschied zwischen Schreien, und dem was in der Übung war.

S: Wenn ich schreie, werde ich innerlich eng, dagegen hier werde ich weit.

Herta: Genau das ist es. Das Schreien macht eng, da bin ich eigentlich außen. Und beim Klopfen des Brustbeines geht der Klang nicht raus, sondern durch mich durch.

S: Schreien ist ja auch mit Emotion verbunden, und das war frei von Emotion.

S: Nicht frei von Empfindung, aber frei von Emotion.

S: Schreien bedeutet, eine Kraft rauszuschmeißen. Hier wurden Kräfte gesammelt. Eine ganz große Sammlung, obwohl der Klang rausgeht.

S: Es war auch ein Zu-mir-Öffnen. Ich fand das ganz toll, in die Dehnung hinein zu tönen. Da war dann so eine Fülle und dadurch so eine Lebendigkeit.

S: Das hat soviel Raum gebracht und die Töne werden immer klarer.

Herta: Ja, sie werden klarer und auch voller. Manchmal staunt man geradezu über die eigene Stimme und kann es gar nicht glauben.

... gehen wir mal zu etwas anderem ... und zwar, streichen wir uns mal über die Nase und das Gesicht, so etwas in die Breite ... sei es mit den Innenhänden oder auch mit den Handrücken ... die Weite und Breite des Gesichtes ansprechen ... ... und wenn das genug ist, dann bewegt ihr noch ein wenig den Kopf auf dem Hals ... spürt mal, die Ansätze zwischen Nacken, Hals und Kopf ... ... die Übergänge ... ... einfach spüren ... da ist so dieser seitliche Übergang ... da ist der Übergang vom Kinn zur Kehle hin ... und da ist der rückwärtige Übergang, der Nacken ... ... Zungengrund, der sich dabei lösen darf ... und die Stimme, an der ihr vorhin schon gearbeitet habt ... ... und ihr trennt euch davon wieder ...

... spürt eure Füße gut auf dem Boden ... das Gesäß auf dem Hocker ... die tragende Basis ... ... und lasst euch langsam aus der Mitte des Sitzens in eine spiralige Bewegung drehen ... und in diese Bewegung nehmt ihr ein Summen mit ... ... Spirale heißt, die Kreise werden langsam größer ... bis sie an ihre Grenze kommen und wieder nach innen fließen ... ... und so geht ihr von der Mitte in die Weite ... und von der Weite in die Mitte ... weit werden in der Zentrierung ... und umgekehrt ... ... und ihr geht diesen Weg ... ... von der Bewegung in die Stille, von der Stille in die Bewegung: stetiger Wechsel ... ... wenn eine Hand, oder beide Hände sich befreien wollen, um dem nachzuspüren, um es zu gestalten, lasst sie frei ... ... nur wo es sich gestalten möchte ... ... die Gestaltung im Klang und in der Bewegung ... ...

Herta: Ja, was ist jetzt da?

S: Zentrierung. Ein gutes Aufgerichtetsein. Am Schluss war die Spirale nur mehr kaum merkbar nach außen, sondern innerlich weiterspielend, und das hat mich aufgerichtet.

S: Es hat Mitte gebracht.

S: Präsenz und Kraft der Basis.

Herta: Aus der Basis in die Basis wieder rein.

S: So eine weite Dichte. Zuerst diesen weiten Raum in mir, dann die Zentrierung. So eine Dichte, aber trotzdem weit.

Herta: Sehr schön. Die weite Dichte. Die Weite, die Leichtigkeit, und da kommt dieses Verdichtende dazu. [...]

... ja, dann gehen wir noch zu einem anderen ... einfach nochmal bei der Stimme bleiben ... wieder Füße auf dem Boden, Gesäß auf dem Hocker – die Basis ... das Abgeben, sich tragen lassen ... ... und ihr senkt den Ausatem in einem angehauchten „U“ durch die Mitte des Beckenbodens in den Boden – nach unten ... ihr lasst den Ausatemstrom als HU durch die Mitte des Beckenbodens in die Tiefe strömen, HU, und zuerst nicht im Klang, sondern nur angehaucht ... ... auch wieder die Frage der Hände ... ist es möglich, dass die Hände stärker mitbegleitend dabei sind? ... diesen Weg des Stroms – des Ausatemstroms und dann den Einatem begleiten, sich in diesen Strom tragen lassen ... ... und wo ihr merkt, dass es euch ablenkt ... da lasst es erst mal wieder ... bleibt nur in der Stille ... ohne äußere Bewegung, um vielleicht einfach mal nur zu schauen ... ... auf die innere Strömung ... ... lasst euch die immer dichter werdende Raffung des Unterbauchs spüren ... je tiefer das HU sich senkt ... ... und das spürt erst einmal aus ... ... und wir machen uns nochmal dran, und zwar nochmal ohne die Begleitung der Bewegung der Hände... ... ... seid ganz wach für alles, was dabei geschieht ... während des Senkens – der neue Einatem – weich, offen ... um sich wieder zu senken ... ... in den Strom hinein zu senken ... ... lasst es wieder los ... trennt euch davon ... ...

... und nochmal geht ihr dran und wieder gebt ihr euch die Möglichkeit, wenn es sein will – der inneren Strömung, der Weitung, der Dichtung – was immer kommt, im Inneren als Bewegung – ... der im Äußeren mit den Händen nachzugehen ... zu schauen, nachgehen ... sie begleiten und vielleicht ... sie gestalten nach einer Weile ... ...

... und noch am Boden ... ruhen ... ...

Herta: War es für euch irgendwie ersichtlich, warum das im Anschluss dann sein konnte oder wollte und warum diese Gestaltung sein konnte – aus dem Vorhergehenden?

S: Es wurde sehr stark, als diese Raffung dazukam. Das Erste war wohl so das Lassen – und dann kam die Verstärkung.

Herta: Das ist eine sehr starke Übung. Durch diesen angehauchten Ton entsteht der Anschluss an die Bewegung, der manchmal schwer fällt. Da ist diese innere Strömung, wie komme ich an sie dran? Spüre ich sie, lasse ich sie? Und dann es zu übergeben in die Bewegung und aus der Bewegung in die Gestaltung. Diese innere Strömung, der Strom des Ausatems, die sich dann bedingen und sich durch die Gestaltung unglaublich stärken. Und dann kommt so eigentlich diese ganze Erfüllung. [...] Geht mal mit diesen Dingen um. Geht diesem inneren Strömen nach und schaut, wie übersetzt es sich. Wie übersetzt es sich in die Bewegung? Daraus kommt jeder Tanz. Wenn wir spüren, der ganze Mensch tanzt – dann sehen wir Bewegungen, die aus der Innenschwingung sich im Äußeren zeigen. Dies sind nie Bewegungen, die gelernt sind. Sie sind wahrscheinlich irgendwann mal so tief empfunden und so tief dann als solche gelernt, dass sie ganz Natur sind, dass die Natur befreit ist, die Natur der Bewegung. Dieser selbstverständliche Ausdruck des Menschen gibt ganz große Freiheit.

„Er bereitet mich“

Rückblick auf eine Atembegleitung am Ende des Lebens

Kurt Horz

Herta Richter während ihrer letzten beiden Lebensjahren mit Atembehandlungen begleiten zu dürfen, war ein großes Geschenk für mich. Der Lehrerin, von der ich so viel gelernt hatte und die mich seit der Ausbildung in vielen Supervisions- und Fortgeschrittenengruppen mehr als 20 Jahre in meinem Leben begleitete, zurückzugeben, das war eine große Ehre. Über eine solche Erfahrung zu berichten, ist dagegen ungewöhnlich. Wir arbeiten in dem Selbstverständnis, dass alles, was in Atembehandlungen erfahren und besprochen wird, nicht für dritte Ohren bestimmt ist. Deshalb ist es ein sehr sensibel zu handhabendes Unterfangen, über diese gemeinsame Zeit etwas niederzuschreiben und zu veröffentlichen. Andererseits kann die Weitergabe der gemachten Erfahrung die Erinnerung an Herta, an ihr Wesen und an ihre tiefe Verbundenheit mit dem Atem noch einmal vertiefen. Ich habe mich für letzteres entschieden. Für mich waren diese Begegnungen ein letztes großes Lernen von ihr, eine große Belehrung über das, was Atembehandlung sein kann und was sie bewirkt.

Anfang Januar 2011 besuchte ich Herta. Sie war schon längere Zeit krank, es ging ihr nicht gut. Sie hatte fortwährend Schmerzen im Kreuzbeinbereich und immer wieder auch in den Knien. Akut kam noch eine Augenerkrankung hinzu, die nicht heilen wollte und die sie sehr behinderte. Das nasskalte Winterwetter tat das Übrige. Ich bot ihr eine Atembehandlung an, vielleicht würde die sie in der gegenwärtige Situation unterstützen. Nach einigem Zögern willigte sie ein, und wir vereinbarten einen ersten Termin.

Meine innere Erregung war groß, als ich ihr das erste Mal an der Atemliege begegnete. Eine gewisse Unsicherheit begleitete meine Hände. Doch als sie nach der Behandlung in ihrer liebevollen und akzeptierenden Art mit ihrer Rückmeldung begann, löste sich die Spannung. Es war das erste Mal seit langer Zeit, dass sie wieder von einem Mann behandelt wurde. Erinnerungen kamen auf. Sie erzählte viel von ihren Behandlungen bei Cornelis Veening. Wenn er in Süddeutschland war, fuhr sie öfter zu ihm und ließ sich an mehreren Tagen hintereinander von ihm behandeln. Für mich eine Bestätigung der Erfahrung, wieviel im Körperbewusstsein gespeichert ist und wie es wieder in der Berührung erinnert wird.

Das Thema der ersten Behandlungen hieß, mit dem Atem in Verbindung kommen und diese Atemverbindung zu allen Körperteilen entstehen zu lassen. Besonders das hintere Becken und die Beine benötigten die ausleitende Unterstützung der Hände, damit die durch die lange Krankheit aufgestauten Energien im Ausatmen abfließen konnten. Es dauerte einige Behandlungen, bis sich diese Verbindung aufbaute und der gesamte Körper in die Atemschwingungen einbezogen war. Und zunehmend durfte ich erfahren, wie es sich anfühlt, eine Person zu behandeln, die sich fast ihr ganzes Leben im Atem geübt hat, ihn tief erfahren hat und deren Empfindungsfähigkeit so fein und tief ausgeprägt war. Bei jeder Berührung war unmittelbar die Antwort des Atems spürbar. Unter der berührenden Hand, durch leichtes Ziehen, sanften Druck oder im Verweilen öffneten sich die verschiedenen Atemräume, ein großer Atemraum durfte sich entfalten. Oft kam mir Hertas Wort vom Atemspiel in den Sinn, das ich jetzt noch einmal tiefer ‚begreifen' durfte. In den nachfolgenden Behandlungen kräftigte und verfeinerte sich dieses Spiel. Nach mehreren Behandlungen wurde immer deutlicher, dass sich in der Behandlung und in der Begegnung zwischen Behandler und zu behandelnder Person ein gemeinsamer Atem- und Bewusstseinsraum öffnet, der sich immer tiefer zum Wesen hin vertiefen konnte. Die wahrgenommene Präsenz und Dichte in diesen sich wiederholenden Momenten hatte ich bisher so noch nicht erfahren dürfen. Hertas Rückmeldungen nach solchen Behandlungen waren kurz oder blieben auch ganz aus. Öfter sprach sie vom lichten Raum, der sich geöffnet hatte, über Wahrnehmungen auf der körperlichen Ebene und immer wieder vom Segen und dem Glück, mit der Atemarbeit in so wunderbarer Weise Menschen begleiten zu können. Am Ende des Gespräches, bevor sie sich in ein längeres Nachruhen verabschiedete, sagte sie oft den Satz „Er bereitet mich" ohne ihn weiter zu erläutern. Worte voller Hingabe vom Einfügen ins Leben und sein geistiges Geschehen.

Nach und nach im Verlauf des ersten Quartals 2011 fühlte sich Herta durch die Behandlungen gekräftigt. Lange beschäftigte sie die Frage, ob sie die für das spätere Frühjahr angekündigten Seminare würde halten können, ob sie schon wieder genügend Kraft und Energie haben würde, große Gruppen durch mehrtägige Seminare zu begleiten. Anfang April entschied sie sich dazu. Nach jedem Seminar kam sie erfüllt und gestärkt wieder zurück. Die Seminare wirkten für sie wie ein Lebenselixier. Das Anleiten und Sein mit der Gruppe, der Austausch mit den Teilnehmer/innen, das Eintauchen in verbindende Atemräume, dafür lebte Herta und das stärkte sie. Im Verlauf der Jahre 2011 und 2012 trafen wir uns im Abstand von drei bis vier Wochen. Im Sommer machten wir zwei Monate Pause.

Anfang 2013 hatte Herta einen Unfall mit ihrem Pkw. Auf dem Weg zur Apotheke in der Nähe ihres Hauses war sie am Steuer kurz eingeschlafen. In wenigen Augenblicken hat sie drei Fahrzeuge längsseitig gestreift. Es entstand Sachschaden. Dieser Unfall erschreckte sie tief. Sich auch in ihrem Alter noch mit dem eigenen Auto fortbewegen zu können, war ihr sehr wichtig. Kurzzeitig die Kontrolle über ihr Handeln verloren zu haben, nagte an ihrem Selbstbild.

Vor der nächsten Behandlung erzählt sie mir von dem Ereignis. Wir behandelten wie gewohnt. Ich konnte keinen benennbaren Unterschied zu den Behandlungen davor feststellen. Aber sie war nach der Behandlung geschockt und konsterniert. Entsetzt berichtete sie, dass sie während der Behandlung nichts empfunden habe. Sie hatte durch den Unfall ihre Atemempfindung verloren, die sie in den vielen Jahren als Lehrerin und Behandlerin erworben hatte, und die in ihrem Verständnis von Atemtherapie von zentraler Bedeutung ist (vgl. auch *Vom Wesen des Atems*, S. 66 f). Daraufhin beschloss sie, sich im zweiwöchigen Rhythmus mit mir zu treffen. In den nachfolgenden zwei bis drei Behandlungen löste sich der Schock langsam auf, ihre Empfindungsfähigkeit kehrte zurück.

In der Folgezeit sprach sie vermehrt über Erlebnisse aus ihrer Vergangenheit, u. a. auch über traumatische Erfahrungen, die sie am Kriegsende machen musste. In den Behandlungen waren sie berührt worden. In dieser Zeit berichtete sie wiederholt von Begegnungen mit anderen Ärzt/innen, Therapeuten/innen und Behandlern/innen (Osteopath/innen, Kardiolog/innen), die sie ebenfalls unterstützten und begleiteten. In der Regel endeten ihre Erzählungen mit der Feststellung, dass sie sich in der gegenwärtigen Lebensphase von der Atemtherapie am meisten unterstützt fühlt.

Aus einer der letzten Behandlungen kam sie sehr ernst zurück. Es war spät am Nachmittag. Sonst hatten wir unsere Begegnungen meist am Vormittag. Deshalb erinnere ich mich gut daran. Sie sagte nur einen Satz: „Das hätte ich nicht geglaubt, dass du mich noch einmal an das Drama meines Lebens führen würdest." Ich fragte noch einmal nach: „Meinst du wirklich Drama?" „Ja", sagte sie bekräftigend, „Drama". Ich fragte nicht nach, was sie denn damit meine, was ich sonst selbstverständlich bei anderen Klient/innen tue. Der Respekt vor der Lehrerin, aber auch das Vertrauen und das Wissen darum, dass alle in der Tiefe berührten traumatischen Verfestigungen, die ins Bewusste aufsteigen, lösend abfließen werden, ohne sie vorher benannt zu haben. So hatte ich ihre Lehre immer verstanden.

Die Atembehandlung am 11.03.2013 war besonders. Beim Berühren konnte ich Hertas Atem spüren, wie er gleichmäßig in ihrem Körper schwang. Beim tieferen Einlassen in die Berührung wurde die Verbindung, ja die Anhaftung an den Leib spürbar. Hier setzte die Behandlung an. Dieser Anhaftung, war sie auch noch so fein, begegnete die berührende Bewegung mit einem leichten Zug oder leichten Druck, um immer wieder weitere feine Atemräume zu öffnen, in die hinein sich das Verhaftete transformierend lösen konnte. Es war ein gemeinsames Eintauchen in ein feines Atemspiel, das das Körperliche transzendierte. Noch nie zuvor fühlte ich mich in einer Behandlung eingeladen, solche Atemräume zu berühren. Sie öffneten sich, in voller Hingabe, in einen großen, unbegrenzten Bewusstseinsraum hinein, frei schwingend in einer wachen Präsenz. Diese Öffnung war so überwältigend und überraschend, dass aus dem Moment heraus ein innerer Klang entstand, und ich begann diesen Klang zu tönen. Beide lauschten wir den Tönen bis sie verstummten. Nach einem langen Nachruhen stand Herta wortlos auf, ging, ja sprang die Treppe hinauf in ihre Wohnung, was ihr sonst eher schwer fiel, kam mit dem Geld für die eine Behandlung herunter. Dies war eher ungewöhnlich, sonst bezahlte sie immer mehrere Behandlungen gemeinsam. Beim Abschied wiederholte sie den Satz, den sie schon oft nach Behandlungen ausgesprochen hatte: „Er bereitet mich."

Zur nächsten Behandlung hatten wir uns am 21. März verabredet. Als ich nach einer längeren Seminarreise wie gewohnt am Abend vor dem vereinbarten Termin bei ihr anrief, konnte ich sie nicht antreffen, meine Nachricht auf dem Anrufbeantworter blieb unbeantwortet, was bei ihr ungewöhnlich war. Am nächsten Morgen erhielt ich die Nachricht, dass Herta am Tag zuvor verstorben sei. Mir blieb nur noch, mich von Herta und dem auf der Atemliege aufgebahrten Leichnam zu verabschieden, in tiefer Verneigung vor ihrem Leben und dankbar für alles, was sie so vielen Menschen und auch mir geschenkt hatte.